Klaus Dernedde

Die Sanierung von Pensionszusagen

Ein Buch mit sieben Siegeln?

**Dernedde, Klaus: Die Sanierung von Pensionszusagen. Ein Buch mit sieben Siegeln?,
Hamburg, Igel Verlag RWS 2019**

Buch·ISBN: 978·3·95485·368·7
PDF·eBook·ISBN: 978·3·95485·868·2
Druck/Herstellung: Igel Verlag RWS, Hamburg, 2019

Bibliografische Information der Deutschen Nationalbibliothek:
Die Deutsche Nationalbibliothek verzeichnet diese Publikation in der Deutschen
Nationalbibliografie; detaillierte bibliografische Daten sind im Internet über
http://dnb.d·nb.de abrufbar.

© Igel Verlag RWS, Imprint der Bedey Media GmbH
Hermannstal 119k, 22119 Hamburg
http://www.diplomica.de, Hamburg 2019
Printed in Germany

Zum Autor

Klaus Dernedde, Jahrgang 1960, studierte Betriebswirtschaftslehre und Rechtswissenschaften. Nach Tätigkeiten in der Bundeswehr und als Leiter Rechnungswesen in einem mittelständischen Betrieb ist er seit mehr als 25 Jahre auf dem Gebiet der betrieblichen Altersversorgung tätig. Er ist Mitglied mehrerer Berufsorganisationen, wie zum Beispiel der aba e.V. (Arbeitsgemeinschaft für betriebliche Altersversorgung e.V., Berlin) und Sozialverbänden. Als Sachverständiger für betriebliche Altersversorgung beschäftigt er sich in Gutachten besonders mit der Sanierung von Pensionszusagen.

Dieses Buch gibt den Rechtsstand von Februar 2019 wieder. Es wurde gewissenhaft recherchiert, dennoch sind Fehler nie ganz auszuschließen. Insofern kann der Autor auch keine Haftung für Fehler, sowie auch für Rechtsänderungen nach dem 28.02.2019, übernehmen.

Inhaltsverzeichnis

Abkürzungsverzeichnis

BAG	-	Bundesarbeitsgericht
BetrAVG	-	Betriebsrentengesetz
BFH	-	Bundesfinanzhof
BGB	-	Bürgerliches Gesetzbuch
BilMoG	-	Bilanzrechtsmodernisierungsgesetz
BMF	-	Bundesministerium der Finanzen
BT-Drs.	-	Bundestagsdrucksache
CTA	-	Contractual Trust Arrangement
ebd.	-	ebenda
EStG	-	Einkommensteuergesetz
GF	-	Geschäftsführer
GGF	-	Gesellschafter-Geschäftsführer
GmbH	-	Gesellschaft mit beschränkter Haftung
HGB	-	Handelsgesetzbuch
IFRS	-	Internationaler Rechnungslegungsstandard
KStDV-		Körperschaftssteuerdurchführungsverordnung
KStG	-	Körperschaftssteuergesetz
m.w.N.	-	mit weiteren Nachweisen
Past-Service	-	erdienter Pensionsanspruch
Future-Service	-	noch zu erdienender Pensionsanspruch

Quellenangaben

Literatur

Bundesfinanzministerium Homepage, www.bundesfinanzministerium.de, Aufruf 04.02.2019

Bungert, Die Insolvenzsicherung in den Durchführungswegen Pensionszusage und Unterstützungskasse aus Sicht des Versorgungsberechtigten 1. Aufl., Alcham Wissenschaftsverlag, 2012

Doetsch, Lenz, Versorgungszusagen an Gesellschafter-Geschäftsführer und -Vorstände, 10. Aufl., VVW Verlag, 2017

Dommermuth, Killat, Linden, Altersversorgung für Unternehmer und Geschäftsführer, NWB-Verlag, 2016

Eller, Liquidation der GmbH, 3.Aufl., Erich Schmidt Verlag 2016

Gestaltende Steuerberatung 08/2017 https://www.iww.de/gstb/archiv/2017/8 Internetaufruf 04.02.2019

Herrmann, Sicherungsabtretung und Verpfändung der Ansprüche aus dem Lebensversicherungsvertrag durch den Versicherungsnehmer, Juristische Reihe TENEA/ jurawelt Bd. 32, 2003

Heubeck, Chancen und Risiken von CTA-Modellen, Markt und Mittelstand 2008 https://Genios.de/fachzeitschriften/inhalte/MAMI/20080901 (1) Internetaufruf 04.02.2019

Konrad, Poppelbaum, Scholz, 100 Fragen zur betrieblichen Versorgung des GGF/GF und seiner Angehörigen mit sozialversicherungsrechtlicher Beurteilung, 7. Aufl. VVW Verlag, 2018

Kozuch, Pensionszusagen für Gesellschafter-Geschäftsführer, GPZ Verlag, 2013

Küppers/Louven, BB 2004, 337

Küppers/Louven/Schröder, BB 2005, 763; Passage, DB 2005, 2746 ff.

Neuhaus, Auslagerung betrieblicher Pensionszusagen, Internationaler Verlag der Wissenschaften, Peter Lang, Band 78, 2008

Palandt, BGB, 61. Auflage, Verlag C.H. Beck, 2002

Pradl, Pensionszusagen an GmbH-Geschäftsführer, 3. Aufl. nwb Verlag, 2013

Pradl, Pensionszusagen an GmbH-Geschäftsführer, 4. Aufl., nwb Verlag, 2019

Rawe, Auslegung von Zusagen der betrieblichen Altersversorgung, PL Academic Research, Diss. 2016

Schwarz, Praxisleitfaden betriebliche Altersversorgung, Verlag Springer Gabler 2013

Seeger, DB 2007, 697 ff.

Stephan, Die Versorgung (-sfallen) des GmbH-Geschäftsführers, Verlag tredition, 2014

Winter, Insolvenzanfechtung, Revision 19.10.2018, Internetaufruf 04.02.2019, https://wirtschaftslexikon.gabler.de/definition/insolvenzanfechtung-38550/version-261971

BFH-Urteile

BFH-Urteil vom 13.03.1991, I R 1/90
BFH-Urteil vom 25.03.1991, II ZR 169/90

BFH-Urteil vom 29.10.1997, I R 52/97

BFH-Urteil vom 08.11.2000, I R 70/99

BFH-Urteil vom 24.04.2002, I R 18/01

BFH-Urteil vom 23.07.2003, I R 80/02

BFH-Urteil vom 31.03.2004, I R 65/03

BFH-Urteil vom 05.03.2008, I R 12/07
BFH-Urteil vom 23.09.2008, I R 62/07

BFH-Urteil vom 11.9.2013, I R 72/12
BFH-Urteil vom 11.9.2013, I R 28/13
BFH-Urteil vom 23.10.2013, I R 89/12
BFH-Urteil vom 23.10.2013, I R 60/12

BFH, Urteil vom 18.8.2016, VI R 18/13

BFH, Urteil vom 7.3.2018, I R 89/15

BMF-Schreiben

BMF-Schreiben vom 16.05.1994

BMF-Schreiben vom 14.05.1999

BMF-Schreiben vom 28.08.2001

BMF-Schreiben vom 09.12.2002

BMF-Schreiben vom 03.11.2004

BMF-Schreiben vom 06.04.2005
BMF-Schreiben vom 01.09.2005
BMF-Schreiben vom 06.09.2005
BMF-Schreiben vom 16.12.2005

BMF-Schreiben vom 05.05.2008

BMF-Schreiben vom 20.01.2009

BMF-Schreiben vom 14.08.2012
BMF-Schreiben vom 13.12.2012

BMF-Schreiben vom 14.12.2012

BMF-Schreiben vom 24.07.2013
BMF-Schreiben vom 19.08.2013
BMF-Schreiben vom 18.10.2013
BMF-Schreiben vom 01.11.2013

BMF-Schreiben vom 10.01.2014
BMF-Schreiben vom 13.01.2014
BMF-Schreiben vom 12.05.2014

BMF-Schreiben vom 10.07.2015

BMF-Schreiben vom 09.12.2016
BMF-Schreiben vom 23.12.2016

BMF-Schreiben vom 24.05.2017
BMF-Schreiben vom 04.07.2017
BMF-Schreiben vom 18.09.2017
BMF-Schreiben vom 06.11.2017
BMF-Schreiben vom 30.11.2017
BMF-Schreiben vom 06.12.2017
BMF-Schreiben vom 21.12.2017

BMF-Schreiben vom 19.10.2018

Pensionszusagen

Früher beliebt, heute gehasst!

In den 80er und 90er Jahren als das Versorgungsinstrument gesehen, verursachen damals erteilte Pensionszusagen den Unternehmen mehr und mehr Bauchschmerzen. In vielen mittelständischen Unternehmen haben sich in der Vergangenheit Gesellschafter-Geschäftsführer eine Pensionszusage erteilt. Dies erfolgte oft mit der Absicht die steuerliche Wirkung der Rückstellungen zu nutzen. Dabei wurde in vielen Fällen nicht ausreichend über den tatsächlichen Liquiditätsaufwand und die schwerwiegenden Folgen bei nicht ausreichender Finanzierung informiert bzw. nachgedacht. In etwa 80 % aller Fälle wurden Pensionszusagen nicht an die veränderte Rechtsprechung angepasst. Noch mehr Pensionszusagen sind nicht ausreichend finanziert. Daraus ergeben sich weitere existenzielle Risiken für die Unternehmen und Versorgungsberechtigten.

1. Ausgangssituation bei Pensionszusagen

Unmittelbare Pensionszusagen an beherrschende Gesellschafter-Geschäftsführer und Vorstände von Kapitalgesellschaften gehören zum allgemeinen Ausstattungsstandard für diesen Personenkreis. Nach aktuellen Schätzungen beläuft sich die Anzahl solcher Zusagen auf über eine Million in Deutschland. Vor diesem Hintergrund ist dieses Beratungsfeld in der täglichen Beratungspraxis in allem Munde. Unternehmen sowie Rechts-, Steuer- und Finanzberater bewegen sich in dem komplexesten und anspruchsvollsten Aufgabengebiet der betrieblichen Altersversorgung.

Hauptansatzpunkte in der qualifizierten Beratung im Rahmen einer erteilten oder zu erteilenden Pensionszusage an den oben genannten Personenkreis sind, neben der unabdingbaren rechtlichen Würdigung und Überprüfung, die unternehmensinternen steuerlichen und bilanziellen Steuerungsmöglichkeiten durch den Einsatz einer Pensionszusage. Hieraus resultieren sowohl aus Unternehmenssicht als auch aus Sicht der versorgungsberechtigten Person mannigfaltige Vorteile und Auswirkungen.

Bei einer Pensions- bzw. Direktzusage an den o. g. Personenkreis handelt es sich um eine zivilrechtliche Leistungszusage der Gesellschaft an den beherrschenden Gesellschafter-Geschäftsführer bzw. AG-Vorstand, im Falle des

Eintritts bestimmter Leistungsvoraussetzungen eine festdefinierte Renten- oder Kapitalzahlung zu erbringen. Diese Zusagen existieren als Festbetrags- zusagen, beitragsorientierten Leistungszusagen oder gehaltsdynamische Leistungszusagen. Diese Leistungsvoraussetzungen sind im Regelfall alters- oder berufsunfähigkeitsbedingtes Ausscheiden aus dem Unternehmen.

Es sind aber auch Renten- oder Kapitalzahlungen für Hinterbliebene in Form von Witwen- oder Waisenrenten oder Kapitalabfindungen möglich, wenn als Leistungsvoraussetzung aus der Pensionszusage zum Bezug dieser Leistungen der Tod der versorgungsberechtigten Person definiert ist.

Weiter ist zu beachten, dass der genannte Personenkreis eine „Doppelfunk- tion" ausfüllt. Auf der einen Seite der organschaftliche Vertreter der Gesell- schaft mit Vertretungs- und Geschäftsführungsfunktion, auf der anderen Seite der (Mit-) Eigentümer der Gesellschaft. Daher werden der Gesellschafter- Geschäftsführer bzw. AG-Vorstand aus lohnsteuerlicher Sicht als Arbeitnehmer geführt, aus arbeitsrechtlicher Sicht aber als Unternehmer. Vor diesem Hintergrund fallen derartige Versorgungs- bzw. Pensionszusagen nicht unter den Schutzbereich des Betriebsrentengesetzes (BetrAVG), so dass beispiels- weise eine Insolvenzsicherung der Pensionszusagen an den genannten Per- sonenkreis nicht über die gesetzliche Insolvenzsicherung des "Pensions- sicherungsvereins, Versicherungsverein auf Gegenseitigkeit (PSVaG)" erfolgen kann. Vielmehr muss eine zivil- bzw. privatrechtliche Insolvenzsicherung er- folgen. Bei gesellschaftsinternen Finanzierungen von Pensionszusagen an be- herrschende Gesellschafter-Geschäftsführer bzw. AG-Vorstände gilt es sowohl die Aktiv- als auch die Passivseite der Gesellschaftsbilanz zu betrachten.

Die "Grundfinanzierung" einer Pensionszusage findet über eine steuerlich wirksame Rückstellungsbildung in der Ertragssteuerbilanz der Gesellschaft statt. In § 6a EStG werden diesbezüglich die einschlägigen Voraussetzungen für den Ansatz einer ergebnismindernden Pensionsrückstellungsbildung geregelt. Aus der Differenz der Pensionsrückstellung zum Beginn und zum Ende eines Wirtschaftsjahres ergibt sich der jährliche Betrag der Zuführung zur Rück- stellung und der Auflösung der Rückstellung. Nur der Saldo aller Zuführungen und Auflösungen für die einzelnen Pensionsverpflichtungen ist in der Gewinn- und Verlustrechnung erfolgswirksam zu erfassen. Somit entstehen für die Gesellschaft periodenbedingte Liquiditätsvorteile, die zur kapitalmäßigen Ausfinanzierung der Versorgungsverpflichtung aus der Pensionszusage verwendet werden können. Das heißt, dass die betreffende Gesellschaft im Regelfall auf der Aktivseite der Bilanz Vermögenswerte aufbauen wird, durch die die später zu zahlenden Pensionsleistungen getragen werden. Es muss in diesem Zusammenhang aber darauf hingewiesen werden, dass für eine Gesellschaft keine Verpflichtung besteht, eine Pensionszusage an einen Gesellschafter-Geschäftsführer bzw. an einen AG-Vorstand kapitalmäßig auszufinanzieren bzw. rückzudecken. Für viele Unternehmen, gerade in mittelständischen Unternehmen der Bundesrepublik Deutschland, ist es jedoch häufig unabdingbar, dass eine Rückdeckungsanlage zur Ausfinanzierung der Pensionsverpflichtung ausgewählt wird. Ansonsten würde die Gesellschaft das unüberschaubare Risiko tragen, die späteren Pensionsleistungen aus dem laufenden Geschäftsbetrieb finanzieren zu müssen, was dann zu existenzbedrohlichen Situationen für die Gesellschaft führen könnte.

2. Momentane Lage bei Pensionszusagen

Ist die Beratung beim Abschluss einer Rückdeckungsversicherung in der Vergangenheit noch relativ leichtgefallen, so liegen jetzt ganz andere Voraussetzungen vor. In der Ansparphase einer Pensionszusage finden kaum Beratungsgespräche statt. Wichtige Änderungen im Gesetzgebungsverfahren werden kaum beachtet und die Kongruität einer Rückdeckungsversicherung sträflich vernachlässigt, bzw. kaum kontrolliert. In der Regel waren in der Vergangenheit ca. 70 % der von mir überprüften Pensionszusagen lückenhaft, bzw. im Falle einer Betriebsprüfung stark gefährdet. Bei einem Checkup der Textbausteine einer Pensionszusage für einen beherrschenden Gesellschafter-Geschäftsführer einer GmbH, werden bis zu 95% aller Pensionszusagen nicht den derzeit aktuellen arbeits- und/oder steuerrechtlichen Vorschriften und Bedingungen standhalten. Viele Pensionszusagen sind nicht mehr rechtssicher formuliert oder der Insolvenzschutz besteht nicht mehr. Häufig führt dies, unabhängig von einer Verpfändung der Rückdeckungsversicherung, oft zum sofortigen und totalen Verlust der gesamten Versicherungswerte im Insolvenzfall. Hier lagern hochexplosive Minen im Bestand der Pensionszusagen.

Der Markt insolventer bzw. in der Krise befindlicher GmbH ist unerschlossen. Kaum jemand in den Steuerberaterkanzleien sowie auch in der Versicherungswirtschaft kennt sich in der Insolvenzanfechtung aus. Dabei kann man, zumindest vor der Krise, dem Geschäftsführer helfen, in dem Moment nahezu steuerfrei seine Pensionszusage aus der GmbH auszulagern. Zu mindestens aber ist angeraten vorhandene Pensionszusagen inhaltlich zu überprüfen, ggf., wenn noch genug Erdienungszeit besteht, abzuändern und im Weiteren Deckungslücken zu schließen und/oder die Pensionszusagen zu sanieren.

3. Die inhaltliche Überprüfung von Pensionszusagen

Eine unmittelbare Pensionszusage (Direktzusage) ist gegeben, wenn ein Unternehmen einem Arbeitnehmer zugesagt hat, bei Eintritt des Versorgungsfalls die versprochenen Leistungen selbst, also ohne Einschaltung eines externen Versorgungsträgers, zu gewähren.

Die Verpflichtung zur Zahlung einer Pension ergibt sich i.d.R. aus einer Einzelzusage an den betreffenden Gesellschafter-Geschäftsführer.

3.1. Kriterien bei Zusageerteilung

Unter Beachtung dieser Kriterien darf bei einer neu gegründeten GmbH dem Gesellschafter-Geschäftsführer erst dann eine Pension zugesagt werden, wenn sich die künftige Gewinnentwicklung zuverlässig abschätzen lässt, so dass es einem gewissenhaften Geschäftsleiter möglich wäre, die Auswirkungen einer solchen Pensionszusage auf die Ertragsentwicklung der Gesellschaft einzuordnen.

Die Pensionsleistungen müssen aus der Sicht des Zusagezeitpunkts von dem Geschäftsführer noch erdient werden können. Dabei ist zwischen dem beherrschenden und dem nicht beherrschenden Gesellschafter-Geschäftsführer zu unterscheiden.

Bei einem beherrschenden Gesellschafter-Geschäftsführer beträgt der Erdienungszeitraum mindestens zehn Jahre, wobei Vordienstzeiten grundsätzlich außer Betracht bleiben. Für einen nicht beherrschenden Gesellschafter-Geschäftsführer wird das Erdienen der Pensionszusage auch unterstellt, wenn der Beginn seiner Betriebszugehörigkeit mindestens zwölf Jahre zurückliegt und die Versorgungszusage für mindestens drei Jahre bestanden hat.

Der 10-jährige Erdienungszeitraum gilt nach einer Übergangsregelung der Finanzverwaltung erst für Pensionszusagen, die nach dem 08.07.1995 vereinbart worden sind. Für Änderungen der Pensionszusage ist ebenfalls der Erdienungszeitraum von 10 Jahren zu beachten.

Das Höchstpensionsalter bei einem beherrschenden Gesellschafter-Geschäftsführer darf aber nur das 70. Lebensjahr betragen.

Eine Ausnahme von der 10-Jahres-Frist bedarf der besonderen Begründung, z.B. wenn dem Geschäftsführer ein Festbetrag zugesagt wurde, der sich infolge erheblicher Steigerung der Lebenshaltungskosten nun zur Alterssicherung als unzureichend erweist.

Die Zehnjahresfrist wurde vom Bundesfinanzhof mit der gesetzlichen Unverfallbarkeitsfrist in Verbindung gebracht. Verkürzungen der gesetzlichen Unverfallbarkeitsfrist haben jedoch in der Vergangenheit nicht zur Verkürzung des Erdienungszeitraums geführt.

Vor Erteilung einer Pensionszusage würde ein gewissenhafter Geschäftsleiter die Eignung, Befähigung und fachliche Leistung eines Geschäftsführers während einer sog. Wartezeit prüfen. Nach der Rechtsprechung reicht hierfür regelmäßig ein Zeitraum von fünf Jahren aus. Nach Auffassung der Finanzverwaltung kann auch ein Zeitraum von zwei bis drei Jahren ausreichend sein, aber nicht bei einer neu gegründeten GmbH. Wird ein Einzelunternehmen in eine Kapitalgesellschaft umgewandelt oder findet eine Betriebsaufspaltung statt, und führt der bisherige, bereits erprobte Geschäftsleiter des Einzelunternehmens das Unternehmen in der Rechtsform der GmbH fort, bedarf es keiner erneuten Wartezeit.

Der Bundesfinanzhof (BFH) und das Bundesarbeitsgericht (BAG) haben in drei Urteilen zu dem bei Versorgungszusagen maßgebenden Pensionsalter entschieden. Bei der bilanzsteuerrechtlichen Bewertung von Pensionszusagen nach § 6a Einkommensteuergesetz (EStG) ist grundsätzlich das Pensionsalter maßgebend, das in der jeweiligen Versorgungszusage festgeschrieben wurde; Änderungen erfordern eine schriftliche Anpassung der Pensionszusage (§ 6a Absatz 1 Nummer 3 EStG).Wird in der Pensionszusage ausschließlich auf die Regelaltersgrenze in der gesetzlichen Rentenversicherung Bezug genommen (keine Angabe des Pensionsalters), ist als Pensionsalter die gesetzliche Regelaltersgrenze der Rückstellungsbewertung zugrunde zu legen, die am Bilanzstichtag für den Eintritt des Versorgungsfalles maßgebend ist; das BMF-Schreiben vom 5. Mai 2008 (BStBl I S. 569) zur Anhebung der Altersgrenzen der gesetzlichen Rentenversicherung durch das RV-Altersgrenzenanpassungsgesetz vom 20. April 2007 ist weiterhin anzuwenden. Der BFH hat mit Urteil vom 11. September 2013 entschieden, dass nach dem eindeutigen Wortlaut des § 6a EStG bei der Bewertung von Pensionsverpflichtungen hinsichtlich des Pensionsalters ausschließlich auf den in der Pensionszusage vorgesehenen Zeitpunkt des Eintritts des Versorgungsfalles abzustellen ist. „Für Altverträge mit einem vertraglich vereinbarten Altersruhegeld von 65 Jahren besteht durch die Hebung der Altersgrenze in der gesetzlichen Rentenversicherung von 65 auf 67

Jahre keine Anpassungspflicht" (FG München, Beschluss vom 20.2.2012, 7 V 2818/11). Die Anpassungspflicht gilt nur für Pensionszusagen nach dem 31.12.2007. Durch das Schreiben des Bundesministeriums der Finanzen vom 09.12.2016 werden die Regelungen der EStÄR 2008 für die Steuerbilanz aufgehoben. Es gilt also für Altzusagen vor dem 31.12.2007 grundsätzlich das vertragliche Pensionsalter. Falls Unternehmen von Ihrem Wahlrecht Gebrauch gemacht haben, die Rückstellungen nicht nach dem vertraglichen, sondern nach dem steuerlichen Pensionsalter zu bilden, können sie dabeibleiben.

3.2. Vertretungsbefugnisse, Befreiung vom Selbstkontrahierungsverbot (§ 181 BGB)

Unterschreibt ein Gesellschafter-Geschäftsführer in seinem Namen für das Unternehmen und zugleich als Versorgungsberechtigter, so ist zu beachten, dass er Vertretungsberechtigt ist und er auch von den Vorschriften des § 181 BGB (Selbstkontrahierungsverbot) befreit ist. Diese Berechtigung und Befreiung müssen in das Handelsregister eingetragen sein. Ist dieses nicht der Fall, so ist die Pensionszusage schwebend unwirksam.

3.3. Schriftform

Die Pensionszusage muss stets schriftlich vereinbart sein, damit sie steuerlich anerkannt wird. Dabei müssen z.B. Art und Höhe der Versorgung festgehalten werden. Auch Änderungen der Zusage bedürfen der Schriftform. Ein Beschluss der Gesellschafterversammlung kann die notwendige Schriftform nicht ersetzen. Wohl aber ist ein Gesellschafterbeschluss über die Erteilung der Pensionszusage erforderlich, den alle Gesellschafter zu unterschreiben haben.

3.4. Leistungen

In der Pensionszusage müssen die Leistungen genau definiert werden. Es können Kapitalzusagen sowie auch Rentenzusagen erteilt werden. Die Rentenzusagen werden differenziert in Alters-, Invaliditäts- und Hinterbliebenenzusagen. Jede Zusage kann eigenständig erteilt werden. Die Invaliditätsrente sollte die zugesagte Altersrente nicht überschreiten, um nicht einen Anreiz zu bieten, sich vorzeitig aus dem Berufsleben zu verabschieden. Bei den Hinterbliebenenzusagen ist zu beachten, dass die Summe der Hinterbliebenrenten nicht die Höhe der zugesagten Altersrente übersteigen. Wobei Waisenrenten nicht rückstellungsfähig sind. Waisenrenten sind auch bis zum maximalen

Höchstalter begrenzt, bis zu dem Kindergeld gezahlt wird. Ausnahmen bestehen, wenn Kinder aus gesundheitlichen Gründen auch zu einem späteren Zeitpunkt nicht in der Lage sind sich selbst zu unterhalten.

Nach der Rechtsprechung liegt die Obergrenze einer angemessenen Altersversorgung – einschließlich der Ansprüche aus der gesetzlichen Rentenversicherung – bei 75 v.H. der letzten Aktivbezüge (vgl. BFH 8.10.86, BStBl II 87, 205; BFH 17.5.95, BStBl II 96, 204). Maßgebend für die 75 v.H.-Grenze sind die tatsächlich gezahlten letzten Aktivbezüge (Verbot der Überversorgung). Eine „Nur-Pensionszusage" an Stelle von Aktivbezügen ist nach dem BFH-Urteil vom 17.5.95 (a.a.O.) also als verdeckte Gewinnausschüttung (vGA) zu behandeln.

Die Begrenzung auf 75 v.H. gilt auch, wenn die künftigen Aktivbezüge (gegebenenfalls nur zeitweilig) herabgesetzt oder ausgesetzt werden. Die Obergrenze für die steuerliche Anerkennung der Pensionsrückstellung sind also 75 v.H. der tatsächlichen – am Tag der Pensionierung gezahlten – Aktivbezüge. Sofern die Pensionszusage höher ist als 75 v.H. der tatsächlichen Aktivbezüge, führt dies als vGA zunächst zur außerbilanzmäßigen Einkommenskorrektur.

Die Begrenzung der Pension auf 75 v.H. der tatsächlichen Aktivbezüge bringt also besondere Probleme, wenn die Aktivbezüge – zum Beispiel wegen der schlechten wirtschaftlichen Lage der Kapitalgesellschaft – herabgesetzt oder zeitweise ausgesetzt werden.

Häufig wird in Pensionszusagen für die vorzeitige Inanspruchnahme von Altersleistungen Bezug auf die Rente aus der gesetzlichen Rentenversicherung genommen. Die vorzeitige Inanspruchnahme der gesetzlichen Altersrente ist an strenge Vorgaben geknüpft, so auch an die erreichten Versicherungsjahre. Die geforderte Anzahl der Versicherungsjahre in der gesetzlichen Altersversorgung können möglicherweise in dem Zeitpunkt der geplanten Inanspruchnahme der flexiblen Altersgrenze gar nicht vorhanden sein. Durch so eine Formulierung in der Pensionszusage ergibt sich allerdings eine conditio sine qua non. Dadurch wird es unmöglich die Ansprüche aus der Pensionszusage vorzeitig geltend zu machen.

Bei der Formulierung für die Kriterien der Voraussetzungen des Bezuges einer Invaliditätsrente kommt es sehr darauf an, ob das Risiko der Invalidität durch Rückdeckungsversicherungen abgedeckt ist. Sollte dass der Fall sein, so ist darauf zu achten, dass auf Bezug der Versicherungsbedingungen in diesem Punkt der Zusage genommen wird. Ansonsten kann es vorkommen, dass zwar objektiv Invalidität besteht, aber Ausschlüsse in der Rückdeckungsversicherung die Versicherungsgesellschaft von einer Leistungpflicht befreit. Der Forderung auf Invaliditätsrente durch den invaliden Versorgungsberechtigten stehen keine Zahlungen des Versicherungsunternehmens gegenüber. Für die zusagende GmbH oder AG kommt es ggf. zu einer Überschuldung in der Bilanz, da die Pensionsrückstellungen sofort den Barwert der Versorgungsverpflichtungen ausweisen müssen.

Bei der Hinterbliebenenversorgung ist der auslösende Grund schon per se gegeben. Hier steht das Ableben des ursprünglich versorgungsberechtigten Gesellschafter-Geschäftsführers als auslösendes Ereignis fest. Was aber oft nicht beachtet wird, sind Formulierungen zu den Hinterbliebenen.

Der Name des hinterbliebenenberechtigten Ehepartners sollte ist eingetragen werden. Sonst fehlt es an einer gewissen Eindeutigkeit. Auch frühere Ehegatten können in Versorgungszusagen Berücksichtigung finden. Hier ist zu eruieren was der Parteiwille war. Der in rechtsgültiger Ehe lebende Ehepartner? Der zwar in rechtsgültiger Ehe, aber in Trennung lebende Ehepartner? Oder aber gar der frühere Ehepartner? Das hat schon in manchen Fällen nach Scheidungen und Wiederverheiratungen im Versorgungsfall zu großen Irritationen geführt.

3.5. Regelung bei vorzeitigem Ausscheiden (Unverfallbarkeit)

Die Bedingungen für die Unverfallbarkeit von Versorgungsanwartschaften sind im Gesetz zur Verbesserung der betrieblichen Altersversorgung (BetrAVG) geregelt. Dabei ist zwischen Alt- und Neuzusagen zu unterscheiden.

- Altzusagen: Bei Pensionszusagen vor dem 1.1.2001 bleiben dem Arbeitnehmer die erdienten Pensionsansprüche auch dann erhalten, wenn sein Arbeitsverhältnis vor Eintritt des Versorgungsfalls endet, z.B. durch einen Arbeitsplatzwechsel, und folgende zeitliche Voraussetzungen vorliegen:

- bei Beendigung des Arbeitsverhältnisses muss der Arbeitnehmer mindestens das 35. Lebensjahr vollendet haben und

- entweder muss die Versorgungszusage für ihn mindestens zehn Jahre bestanden haben oder
- der Beginn der Betriebszugehörigkeit muss mindestens zwölf Jahre zurückliegen und die Versorgungszusage für ihn muss mindestens drei

Jahre bestanden haben (§ 1 Abs. 1 des Gesetzes zur Verbesserung der betrieblichen Altersversorgung alte Fassung).

- Neuzusagen: Bei Pensionszusagen ab dem 1.1.2001 wird die Altersgrenze als Unverfallbarkeitsvoraussetzung auf die Vollendung des 30. Lebensjahres herabgesetzt und darüber hinaus wird die bisherige 10-Jahresfrist auf fünf Jahre verkürzt (neuer § 1b Abs. 1 des Gesetzes zur Verbesserung der betrieblichen Altersversorgung).

Die bisherige Alternative „12-jährige Betriebszugehörigkeit, Vollendung des 35. Lebensjahres und mindestens 3-jähriges Bestehen der Zusage" entfällt für künftige Pensionszusagen. Nach einer Übergangsvorschrift werden Anwartschaften auch unverfallbar, wenn die Zusage vor dem 01.01.2001 erteilt wurde und ab dem 01.01.2001 fünf Jahre bestanden hat und bei Beendigung des Arbeitsverhältnisses das 30. Lebensjahr vollendet ist (§ 30f des Gesetzes zur Verbes-serung der betrieblichen Altersversorgung).

Bei nach dem 31. Dezember 2008 erteilten Zusagen, erwirbt der Arbeitnehmer eine unverfallbare Anwartschaft, wenn die Zusage bei Ausscheiden mindestens 5 Jahre bestanden und der Arbeitnehmer bei Ausscheiden das 25. Lebensjahr vollendet hat (§ 1b Abs. 1 BetrAVG). Entgeltumwandlungszusagen sind danach weiterhin sofort gesetzlich unverfallbar. Für Zusagen, die nach dem 31. Dezember 2000, aber vor dem 01. Januar 2009 erteilt wurden, gibt es wiederum eine Übergangsregelung. Diese Zusagen werden unverfallbar, wenn sie ab dem 01. Januar 2009 fünf Jahre bestanden und der Arbeitnehmer dann das 25. Lebensjahr vollendet hat (§ 30f Abs. 2 BetrAVG).

Die betroffenen Arbeitnehmer werden also nur durch das abgesenkte Mindestalter begünstigt, wenn die Zusage auch ab dem 1. Januar 2009 noch 5 Jahre besteht.

Durch das Betriebsrentenstärkungsgesetz wurde die EU-Mobilitätsrichtlinie umgesetzt und die gesetzlichen Unverfallbarkeitsfristen für Neuzusagen ab dem 01.01.2018 erneut verkürzt. Hier gilt die Regelung Mindestalter 21 und drei Jahre Bestand der Zusage.

Da bei dem beherrschenden Gesellschafter-Geschäftsführer einer GmbH das Betriebsrentengesetz nicht gilt, muss die Unverfallbarkeit vertraglich vereinbart werden. Dieses gilt sowohl für den Zeitpunkt, in dem der Anspruch unverfallbar werden soll, als auch für die Höhe des unverfallbaren Teils des Anspruches.

Mit Schreiben vom 09.12.2002 (Bundessteuerblatt I 2002, Seite 1393) hat die Finanzverwaltung anerkannt, dass bei einem beherrschenden Gesellschafter-Geschäftsführer die sofortige Unverfallbarkeit der Pensionsansprüche vereinbart werden kann. Eine Einschränkung gilt jedoch hinsichtlich der Höhe des unverfallbaren Anspruches. Da bei dem beherrschenden Gesellschafter-Geschäftsführer wegen des so genannten Nachzahlungsverbotes die Betriebszugehörigkeit vor Erteilung der Pensionszusage nicht berücksichtigt werden darf, ist hier nur der Zeitraum zwischen Erteilung der Zusage und dem vereinbarten Pensioneintritt zugrunde zu legen.

Hier ist zur Berechnung der unverfallbaren Ansprüche im Zeitpunkt des Ausscheidens der Beginn der Zusage ins Verhältnis zur erreichten Dienstzeit und dem voraussichtlichen Pensionsdatum zu setzten.

3.6. Abfindungsklauseln

Die Pensionszusagen erhalten oft keinen Passus für eine evtl. Abfindung bei Ausscheiden mit unverfallbaren Anwartschaften oder nehmen Bezug auf § 3 BetrAVG. § 3 BetrAVG nennt die Möglichkeiten unter denen unverfallbare Anwartschaften und laufende Leistungen abgefunden werden können.

Unverfallbare Anwartschaften im Falle der Beendigung des Arbeitsverhältnisses und laufende Leistungen dürfen nur unter nachstehenden Voraussetzungen abgefunden werden.

Der Arbeitgeber kann eine Anwartschaft ohne Zustimmung des Arbeitnehmers abfinden, wenn der Monatsbetrag der aus der Anwartschaft resultierenden laufenden Leistung bei Erreichen der vorgesehenen Altersgrenze 1 vom Hundert, bei Kapitalleistungen zwölf Zehntel der monatlichen Bezugsgröße nach § 18 des Vierten Buches Sozialgesetzbuch nicht übersteigen würde. Dies gilt entsprechend für die Abfindung einer laufenden Leistung. Die Abfindung einer Anwartschaft bedarf der Zustimmung des Arbeitnehmers, wenn dieser nach Beendigung des Arbeitsverhältnisses ein neues Arbeitsverhältnis in einem anderen Mitgliedstaat der Europäischen Union begründet und dies innerhalb von drei Monaten nach Beendigung des Arbeitsverhältnisses seinem ehemaligen Arbeitgeber mitteilt. Die Abfindung ist unzulässig, wenn der Arbeitnehmer von seinem Recht auf Übertragung der Anwartschaft Gebrauch macht.

Die Anwartschaft ist auf Verlangen des Arbeitnehmers abzufinden, wenn die Beiträge zur gesetzlichen Rentenversicherung erstattet worden sind.

Der Teil der Anwartschaft, der während eines Insolvenzverfahrens erdient worden ist, kann ohne Zustimmung des Arbeitnehmers abgefunden werden, wenn die Betriebstätigkeit vollständig eingestellt und das Unternehmen liquidiert wird.

Für die Berechnung des Abfindungsbetrages gilt § 4 Abs. 5 BetrAVG entsprechend.

Die Abfindung ist gesondert auszuweisen und einmalig zu zahlen.

Eine Abfindungsmöglichkeit bei beherrschenden Gesellschafter-Geschäftsführern besteht durchaus. Diese sollte explizit und ohne Bezugnahme auf das Betriebsrentengesetz erfolgen. Natürlich ist der Erdienungszeitraum von mindestens 10 Jahren bei der Änderung der Pensionszusage zu berücksichtigen.

3.7. Kapitalzahlung

Die meisten Pensionszusagen enthalten ebenfalls keinen Passus „Kapitalzahlung" zum Eintritt in den Ruhestand oder zur Abfindung der Ansprüche während des Rentenbezuges.

Mit dem BMF-Schreiben vom 06.04.2005 (BStBl I S. 619) hat die Finanzverwaltung zu den Anforderungen an einseitige Abfindungsklauseln in Pensionszusagen Stellung genommen. Erfüllt eine einseitige Abfindungsklausel nicht die von der Finanzverwaltung festgelegten Anforderungen, droht die Nichtanerkennung der gesamten Pensionsrückstellung für die jeweiligen Pensionszusagen.

Unter dem vom BMF verwendeten Begriff der Abfindungsklausel sind alle Regelungen zu verstehen, die die Möglichkeit bieten, eine (künftige) Versorgungsverpflichtung durch eine sofortige einmalige Leistung abzulösen.

Für Pensionszusagen dürfen keine Rückstellungen gebildet werden, wenn die Pensionszusagen Vorbehalte enthalten, nach denen Anwartschaften oder laufende Leistungen gemindert oder entzogen werden dürfen. Die Anforderungen des BMF-Schreibens vom 06.04.2005 sind demnach nur bei einseitigen Abfindungsmöglichkeiten des Arbeitgebers zu erfüllen. Sie gelten nicht für

Abfindungsregelungen, die einseitig dem Arbeitnehmer zustehen oder seiner Zustimmung bedürfen.

Steuerunschädlich ist eine Abfindungsklausel nur, wenn sie die Abfindung des Anspruchs aktiver Anwärter mit dem Barwert der künftigen Pensionsleistungen, d.h. des vollen, unquotierten Anspruchs vorsieht.

Laufende Versorgungsleistungen und unverfallbare Anwartschaften gegenüber ausgeschiedenen Anwärtern können – soweit dies arbeitsrechtlich zulässig ist – abgefunden werden, wenn vertraglich als Abfindungsbetrag der Barwert der künftigen Pensionsleistungen gemäß § 6a Absatz 3 S. 2 Nr. 2 EStG vorgesehen ist.

Des Weiteren verlangt die Finanzverwaltung, dass das Berechnungsverfahren zur Ermittlung der Abfindungshöhe in der Pensionszusage eindeutig und präzise schriftlich fixiert wird. So sind etwa der Rechnungszinsfuß und die biometrischen Rechnungsgrundlagen schriftlich festzuhalten.

Die Finanzverwaltung räumte Arbeitgebern aus Vertrauensschutzgründen eine Frist bis zum **31.12.2005** ein, in der steuerschädliche Abfindungsregelungen schriftlich angepasst werden könnten. Aus Praktikabilitätsgründen gestand die Finanzverwaltung Arbeitgebern eine vereinfachte Anpassung steuerschädlicher Zusagen an ausgeschiedene Pensionsberechtigte zu (BMF-Schreiben vom 01.09.2005 – BStBl I S. 860). Danach genügte es, wenn der Arbeitgeber die Anpassung der Zusage gegenüber den aktiven Anwärtern fristgerecht schriftlich umsetzt und zudem betriebsöffentlich erklärt, dass diese Anpassung entsprechend gegenüber ausgeschiedenen Pensionsberechtigten gilt.

Um eine künftige Gefährdung der steuerlichen Pensionsrückstellungen zu vermeiden, müssen steuerschädliche Abfindungsklauseln in Versorgungszusagen fristgerecht geändert oder aufgehoben worden sein.

Eine Kapitalzahlungsmöglichkeit statt Rentenzahlung bei beherrschenden Gesellschafter-Geschäftsführern besteht durchaus. Diese sollte explizit und ohne Bezugnahme auf das Betriebsrentengesetz erfolgen. Natürlich ist auch hier der Erdienungszeitraum von mindestens 10 Jahren bei der Änderung der Pensionszusage zu berücksichtigen.

3.8. Anpassungen der Versorgungszusage

Während der Anwartschaft behalten sich Unternehmen i.d.R. jeweils vor, die gegebene Zusage entsprechend den Kaufkraftverhältnissen anzupassen. Ein Rechtsanspruch darauf wird zumeist auch nicht eingeräumt. Denn eine Anwartschaftsdynamik bei beherrschenden Gesellschafter-Geschäftsführern hat der Bundesfinanzhof (BFH) verneint.

Eine Rentendynamik von 2%-Punkten p.a. ab Rentenbeginn ist jedoch zulässig um eine Inflationsbereinigung durchzuführen. Diese Rentendynamik wird allerdings meistens nicht in die Zusage eingebunden, da dieses die Rückstellungsbildung sowohl in der Steuer- als auch in der Handelsbilanz um ca. 20% erhöht.

Stattdessen wird in den meisten Zusagen auf § 16 BetrAVG Bezuggenommen. Eine Bezugnahme auf § 16 BetrAVG hat zwar keine direkten steuerlichen Auswirkungen bezüglich der Rückstellungsbildungen in der Steuerbilanz, jedoch wird nach dem Bilanzrechtsmodernisierungsgesetz (BilMoG) eine solche Bezugnahme Rückstellungserhöhend für die Handelsbilanz bewertet. Auch für die Betriebsnachfolge, für die Zeit nach der Pensionierung des Versorgungsberechtigten, hat eine Bezugnahme auf den § 16 BetrAVG Konsequenzen. Eine Anpassung zur Wertsicherung erfordert einen höheren Kapitalbedarf, welches die Bewertung nach dem BilMoG in der Handelsbilanz zum Ausdruck bringt.

Bei Zusagen an beherrschende Gesellschafter-Geschäftsführer sollten Bezugnahmen auf das Betriebsrentengesetz grundsätzlich nicht erfolgen, da auch jede gesetzliche Änderung auch Änderungen der Zusage mit sich bringen würde.

3.9. Widerrufsvorbehalte

Die Pensionszusage darf nicht unter einem Vorbehalt erteilt sein, der zum Verlust oder zur Minderung der Anwartschaft oder der Pensionsleistungen führt. Schädlich ist ein Widerrufsvorbehalt dann, wenn die Ansprüche aus der Pensionszusage nach freiem Belieben des Arbeitgebers ganz oder teilweise entzogen werden können. Wird z.B. dem Geschäftsführer die vereinbarte Pensionszusage unter dem Vorbehalt erteilt, dass sie entfällt, wenn die GmbH ihr Unternehmen veräußert, ist dies steuerschädlich. Die GmbH darf dann keine Pensionsrückstellung in der Steuerbilanz ausweisen.

Steuerschädlich ist nach der Rechtsprechung des Bundesfinanzhofs auch der Vorbehalt einer jederzeitigen Abfindung durch eine einmalige Kapitalleistung, die sich am Teilwert ausrichtet. Denn der Teilwert entspricht nicht dem Wert des gesamten Versorgungsanspruchs, so dass der Arbeitnehmer nicht die volle zugesagte Pensionsleistung erhält.

Da die Vorbehalte in der vorliegenden Pensionszusage sich auf Tatbestände beziehen, die eine Minderung oder einen Entzug "nach allgemeinen Rechtsgrundsätzen unter Beachtung billigen Ermessens" zulassen, sind sie demnach als unschädlich anzusehen.

Der Vorbehalt der Anpassung bei geänderten wirtschaftlichen Voraussetzungen birgt eine zusätzliche Gefahr.

Dieser als „Escape-Klausel" formulierte Vorbehalt mag in wirtschaftlichen Notlagen zwar steuerrechtlich nicht bedenklich sein, wohl sollte man diesen Absatz auch unter insolvenzrechtlichen Aspekten betrachten. Selbst führende Kommentatoren (Höfer, Doetsch) auf dem Gebiet der betrieblichen Altersversorgung vertreten zur Frage des Widerrufs einer einem beherrschenden Gesellschafter-Geschäftsführer erteilten Pensionszusage wegen der Verschlechterung der wirtschaftlichen Lage widersprüchliche Auffassungen. Bei abhängig Beschäftigten, die unter den Schutzzweck des Betriebsrentengesetzes fallen, ist, nach Streichung des „Sicherungsfalles Wirtschaftliche Notlage" durch den Gesetzgeber ein Widerruf der gesetzlich unverfallbaren (erdienten) Anwartschaften und somit der insolvenzgeschützten Versorgungsanwartschaften arbeitsrechtlich nicht mehr zulässig. Aus steuerlichen Gründen wäre eine betriebliche Veranlassung nach diesseitiger Auffassung nur gegeben, wenn ein Widerruf wegen Eintritts einer wirtschaftlichen Notlage auch einem Fremdgeschäftsführer gegenüber durchsetzbar wäre. Dies ist im Allgemeinen jedoch nicht der Fall. Würde einer Gesellschaft im Vorfeld einer Insolvenz ein derartiges Widerrufsrecht zustehen, so müsste man auch dem Insolvenzverwalter ein solches Widerrufsrecht konsequenter Weise zugestehen (Pradl, Pensionszusagen an GmbH-Geschäftsführer S. 73 Nr. 6.1.1 ff., NWB Verlag 2007).

Wenn auch steuerrechtlich unbeachtlich, so ist der Widerrufsvorbehalt bezüglich geänderter wirtschaftlicher Situation unter Insolvenzaspekten zu betrachten. Würde ein Insolvenzverwalter sich nicht auf diesen Vorbehalt berufen und erklären, dass ein ordentlicher Geschäftsleiter auf Grund wirtschaftlicher Schwierigkeiten, die Zusage längst widerrufen hätte?

3.10. Rückdeckungsversicherungen

Eine Versorgungszusage muss für das verpflichtete Unternehmen finanzierbar sein. Dies ist dann der Fall, wenn bei Eintritt eines vorzeitigen Leistungsfalles (Tod, Invalidität) wegen der dann erforderlichen Passivierung des Barwerts der Verpflichtung keine Überschuldung der Gesellschaft eintritt. Dabei kommt es nach der Finanzrechtsprechung auf den Zeitpunkt der Zusage an, eine jährliche Überschuldungsprüfung und eine entsprechende Anpassung der Zusage seien nicht vorzunehmen (BFH - I R 70/99 v. 08.11.2000). Die Finanzierbarkeit ist sichergestellt, wenn die Risiken rückversichert sind, denn im Leistungsfall wird dann ein entsprechend hoher Aktivwert ausgewiesen.

Die Finanzierbarkeit der Zusage ist dann zu verneinen, wenn bei einem unmittelbar nach dem Bilanzstichtag eintretenden Versorgungsfall der Barwert der künftigen Pensionsleistungen am Ende des Wirtschaftsjahres auch nach Berücksichtigung einer Rückdeckungsversicherung zu einer Überschuldung in der Bilanz führen würde (Abschnitt 32 Abs. 1 Satz 9 KStR). Die Finanzierbarkeit der Pensionszusage ist danach unter Einbeziehung einer etwa bestehenden Rückdeckungsversicherung anhand eines fiktiven vorzeitigen Versorgungsfalles (z.B. Invalidität oder Witwenversorgung) und des sich hieraus ergebenden fiktiven Zuführungs-bedarfs zu prüfen. Demgegenüber ist die tatsächlich vorgenommene Zuführung zur Pensionsrückstellung nicht Grundlage für die Finanzierbarkeitsprüfung. Bei der Prüfung der Überschuldung sind alle materiellen, immateriellen Wirtschaftsgüter einschließlich ihrer stillen Reserven zu berücksichtigen. Ein selbstgeschaffener Firmenwert bleibt außer Ansatz. Die Prüfung der Finanzierbarkeit hat im Zeitpunkt der Zusageerteilung, einer wesentlichen Zusageänderung (BFH – I R 52/97 v. 29.10.1997 – BStBl. 1999 II S. 318) oder einer wesentlichen Verschlechterung der wirtschaftlichen Verhältnisse der Gesellschaft zu erfolgen. Eine Anpassungsklausel, wonach bei einer Verschlechterung der wirtschaftlichen Situation der Gesellschaft die zugesagten Leistungen gekürzt oder versagt werden können, bleibt für die Finanzierbarkeit unberücksichtigt (BMF IV C 6 – S 2742 -9/99 geändert durch BMF v. 06. 09.2005 IV B 7 – S 2742 – 69/05).

3.11. Verpfändung von Rückdeckungsversicherungen

Das zusagende Unternehmen schließt zur Absicherung der Pensionszusage eine Rückdeckungsversicherung ab. Der beherrschende Gesellschafter-Geschäftsführer unterliegt nicht dem Geltungsbereich des Betriebsrentengesetzes. Insofern gilt für ihn auch nicht der gesetzliche Insolvenzschutz. Somit stehen diese Personen nicht unter dem Schutz des Pensionssicherungsvereins (PSV a.G.) und genießen keinen gesetzlichen Insolvenzschutz. Für diese brauchen keine Beiträge an den PSV abgeführt zu werden, sie erhalten aber auch keine Leistungen vom PSV. Freiwillig kann dieser Insolvenzschutz nicht aufgebaut werden. Trotzdem kommt es immer wieder vor, dass Beiträge für den Personenkreis an den PSV gezahlt werden. Zu Unrecht entrichtete Beiträge an den PSV erlangen keine Leistungsberechtigung. Höchstens können die Beiträge im Leistungsfall, innerhalb der Verjährungsfrist, zurückgefordert werden.

Hier ist es von daher erforderlich eine privatrechtliche Insolvenzsicherung zu vereinbaren. Als privatrechtliche Absicherung ist die Verpfändung der Leistungen aus einer Rückdeckungsversicherung geeignet und auch höchstrichterlich anerkannt (vgl. hierzu die Urteile des BGH vom 10.07.1997-IX ZR 161/96 und vom 07.04.2005 -IX ZR 138/04).

Zur Sicherung der Ansprüche aus der Pensionszusage werden die Leistungen aus der Rückdeckungsversicherung an den beherrschenden GGF und seine versorgungsberechtigten Hinterbliebenen verpfändet. Diese Verpfändung wird per Vereinbarung vorgenommen und muss dem Versicherer ordnungsgemäß angezeigt werden. In aller Regel erfolgt dann auch noch eine Rückbestätigung über den Erhalt der Verpfändungsvereinbarung. Eine Rückdeckungsversicherung, die nicht verpfändet ist, wird mit Eröffnung des Insolvenzverfahrens in die Insolvenzmasse fallen und damit der Befriedigung von Gläubigern dienen. Sofern allerdings eine rechtsgültige Verpfändung existiert begründet diese für den Versorgungsberechtigten (Pfandgläubiger) einen Schutz vor der Verwertung der Rückdeckungsversicherung. Im Weiteren ist dann zu unterscheiden, ob bereits die Pfandreife (Versorgungsfall) eingetreten ist, oder ob die Insolvenz des zusagenden Unternehmens während der Anwartschaftszeit (vor Eintritt der Pfandreife) erfolgt ist.

Tritt die Insolvenz des Unternehmens während der Anwartschaftszeit ein, so liegt noch keine Pfandreife vor, da der Versorgungsberechtigte zu diesem Zeitpunkt aus der Pensionszusage noch keine Leistungen verlangen kann. Nach neuester Rechtsprechung (BGH Urteil vom 07.04.2005 IX ZR 138/04) ist der Insolvenzverwalter bei nicht vorliegender Pfandreife berechtigt, den Rückkaufswert der Versicherung einzuziehen. Ist noch keine Pfandreife eingetreten, also vor Altersrentenbeginn, darf im Insolvenzfall der Insolvenzverwalter den Rückkaufswert einer wirksam verpfändeten Rückdeckungsversicherung gem. § 166 Abs. 2 Insolvenzordnung (InsO) zur Insolvenzmasse einziehen und das Widerrufsrecht des Versicherungsnehmers ausüben. Im diesem Fall wird der

Insolvenzverwalter nach § 80 Abs. 1 InsO quasi zum Versicherungsnehmer und darf eine wirksam verpfändete Rückdeckungsversicherung kündigen.

Dafür kann er nach § 171 InsO eine Gebühr in Höhe von 4 Prozent des Rückkaufswerts für die Wertfeststellung und weitere 5 Prozent für die Verwertung einbehalten. Der Wert der Versicherung würde sich im Insolvenzfall also um bis zu 9 Prozent zuzüglich des Stornoabschlags der Versicherungsgesellschaft reduzieren.

Aufgrund der Verpfändung kann der Gesellschafter-Geschäftsführer aber vom Insolvenzverwalter verlangen, dass dieser den realisierten Rückkaufswert abzüglich der beschriebenen Gebühren bis zum Rentenbeginn sichergestellt. Gleichzeitig ist der Insolvenzverwalter aber auch verpflichtet, den Erlös in Höhe der zu sichernden Forderung (vgl. § 45, Satz 1 InsO) zu hinterlegen bis die zu sichernde Forderung aus der Versorgungsanwartschaft fällig wird oder die Bedingung entfällt. Damit steht der Erlös der Rückdeckungsversicherung nicht für die Befriedigung anderer Gläubiger zur Verfügung. Dies kann erst dann der Fall sein, wenn die Verpflichtung entfällt.

Der Verpfändung unterliegen neben den Altersleistungen auch mögliche vorzeitige Leistungsinhalte, wie Invaliden- und Hinterbliebenenleistungen. Zur Bewertung der Verpflichtungen aus der Pensionszusage wird i.d.R. der Anwartschaftsbarwert nach den Kalkulationsgrundlagen von Prof. Dr. Klaus Heubeck herangezogen. Hierbei wird entsprechend der steuerlichen Norm ein Rechnungszins in Höhe von 6 % angesetzt. Wird bei der Gestaltung des Rückdeckungskonzeptes auf den Versicherungsbarwert abgestellt, basieren die verwendeten Rechnungsgrundlagen auf der zum Zeitpunkt des Vertragsabschlusses gültigen Garantieverzinsung zzgl. einer Gewinnbeteiligung. Bei einer durchschnittlichen Gesamtverzinsung von ca. 3% im Markt der Lebensversicherung, wird der gesetzlich genormte Bewertungssatz von 6 % deutlich unterschritten. Dies führt bei einem Vergleich des Versicherungsbarwertes zum Anwartschaftsbarwert nach Heubeck regelmäßig zu einer Überdeckung. Folglich könnte eine Kapitalisierung in Höhe der Überdeckung mittels Teil- oder Vollrückkauf (nach Abzug der Verpflichtung) durch den Insolvenzverwalter im Raume stehen. Mit den freiwerdenden Mitteln könnte der Insolvenzverwalter dann einer Befriedigung anderer Gläubiger nachkommen. Die evtl. entstehende Finanzierungslücke bei der Versorgungsanwartschaften darf dann aber nicht außer Acht gelassen werden und bedeutet im Leistungsfall Nachfinanzierungsbedarf.

Trotz der Verpfändung der Rückdeckungsversicherung sind die Versorgungsansprüche des Gesellschafter-Geschäftsführers nur eingeschränkt geschützt
und können dreifach durch Gebühren, Abschläge und Zinsdifferenzen belastet
werden.

In der Praxis wird derzeit nach einer Möglichkeit gesucht das Verwertungsrecht, welches der Insolvenzverwalter mit dem BGH-Urteil vom 17.04.2005
anerkannt wurde, durch vertragliche Vereinbarung innerhalb der Verpfändungsvereinbarung zu erschweren. In der Literatur finden sich unterschiedliche
Varianten, der es aber an der höchstrichterlichen Anerkennung mangelt. So
finden sich Varianten die sich mit der Abtretung, Mitverpfändung oder einer
abweichenden Regelung gemäß § 1284 BGB befassen. Die Möglichkeit der
Abtretung ist jedoch höchstumstritten. Es besteht die Meinung, dass die
Abtretung des Kündigungsrechts schon daran scheitert, wonach das das
Kündigungsrecht als unselbständiges Gestaltungsrecht nicht isoliert betrachtet
und damit auch nicht abgetreten werden kann (vgl. SLPM Quartalsletter
IV/2010, S. 9; Prahl, VersR 1999, S. 944 ff. anderer Meinung Perwein, GmbHR
2/2011, Die Rückdeckungsversicherung in der Insolvenz der GmbH, S. 79 ff.).
Ungeachtet dessen ist diese Lösung mit Nachteilen für den Arbeitgeber
verbunden. Kann er ja die Rückdeckungsversicherung nur noch mit Zustimmung des Arbeitnehmers kündigen. Ebenso kann es dazu kommen, dass durch
die Abtretung der Wert der Rückdeckungsversicherung in der Bilanz des
Arbeitgebers nicht mehr aktiviert werden kann. Im Gegenzug würde dann
vermutlich ein Lohnzufluss beim begünstigten Arbeitnehmer fingiert, was zu
einer Lohnversteuerung bei diesem führen würde. Eine weitere Möglichkeit das
Verwertungsrecht des Insolvenzverwalters zu verhindern bzw. zu erschweren,
ist die ausdrückliche Mitverpfändung des Kündigungsrechts aus § 1283 Abs. 1
BGB (so Perwein, GmbHR 2/2011, Die Rückdeckungsversicherung in der Insolvenz der GmbH, S.80). Durch die Mitverpfändung des Kündigungsrechts kann
der Insolvenzverwalter die Rückdeckungsversicherung nur mit Zustimmung des
Pfandgläubigers kündigen. Umstritten ist jedoch, ob die rechtsgeschäftliche
Erweiterung des Pfandrechts (§§ 1205, 1273, 1279 BGB) nur das Innenver-
hältnis betrifft oder ob die Wirksamkeit sich auch auf das Außenverhältnis zu
Versicherung auswirkt (vgl. Perwein, GmbHR 2/2011, Die Rückdeckungsver-
sicherung in der Insolvenz der GmbH, S.80 mit Verweis auf: Reiff in Prölss /
Martin, VVG, 28. Aufl. 2010, RdNr. 11 zu § 168, so auch Damrau in Münchener
Kommentar BGB, 5. Aufl. 2009; RdNr. 4zu § 1276). Unbestritten ist die Zulässig-
keit das Kündigungsrecht an den Versorgungsberechtigten im Rahmen der
Pfandrechtsbestellung mit zu verpfänden. Es ist dennoch fraglich, ob es das
Kündigungsrecht des Insolvenzverwalters im Außenverhältnis zur Versicherung

betrifft. Im Zweifelsfall könnte der Insolvenzverwalter trotzdem die Rück-deckungsversicherung kündigen (vgl. Bungert, Die Insolvensicherung in den Durchführungswegen Pensionszusage und Unterstützungskasse aus Sicht des Versorgungsberechtigten 1. Aufl., Alcham Wissenschaftsverlag, 2012, S. 89).

Ein weiterer Lösungsansatz, zur Verhinderung des Kündigungsrechts durch den Insolvenzverwalter, ergibt sich aus § 1284 BGB. Demnach können Arbeitgeber und der Pfandgläubiger abweichend von § 1283 Abs. 1 BGB in der Verpfänd-ungsvereinbarung regeln, dass das Kündigungsrecht vor Eintritt der Pfandreife allein dem Pfandgläubiger zusteht (vgl. Perwein, GmbHR 2/2011, Die Rück-deckungsversicherung in der Insolvenz der GmbH, S.80). Die Kündigungs-möglichkeit durch den Insolvenzverwalter sollte demnach ausgeschlossen sein, zumal der BGH mit seinem Urteil vom 17.04.2005 den Hinweis gegeben hat, dass der Fall anders beurteilt worden wäre, wenn eine abweichende Regelung gem. § 1284 BGB vorgelegen hätte (BGH-Urteil vom 17.04.2005 -IX ZR 138/04 = NJW 2005, S. 2231). In der Praxis finden sich jedoch auch hier unterschiedliche Meinungen wieder, was zur Folge hat, dass auch hier auf eine konkrete Ent-scheidung durch die Rechtsprechung abzuwarten gilt(vgl. Bungert, Die In-solvenzsicherung in den Durchführungswegen Pensionszusage und Unter-stützungskasse aus Sicht des Versorgungsberechtigten 1. Aufl., Alcham Wissen-schaftsverlag, 2012, S. 90). Nach Marian sind abweichende Vereinbarungen ebenso wie die Mitverpfändung des Kündigungsrechts unzulässig (s. in: Marian, Die Insolvenzsicherung im Durchführungsweg Pensionszusage, PBA 2011, Hrsg. Meissner, H.). Der Insolvenzverwalter ist selbstverständlich nicht verpflichtet, die Rückdeckungsversicherung rückzukaufen. Im Interesse aller Beteiligten dürfte die beitragsfreie Weiterführung der Versicherung die übliche Vorgehens-weise darstellen. Wird die Versicherung beitragsfrei weitergeführt und werden zu einem späteren Zeitpunkt die Leistungen aus der Pensionszusage fällig, können der/die Versorgungsberechtigte(n) bzw. die Hinterbliebenen als Pfand-gläubiger die fälligen Versicherungsleistungen unmittelbar an sich verlangen (§§ 50 Abs. 1 & 173 Abs. 1 InsO).

Da der Wert der Versicherungsleistung nicht für die Masse verwertet werden kann, bietet der Insolvenzverwalter auch oft eine "Abfindung" an. In diesem Fall würde die Rückdeckungsversicherung auf den beherrschenden GGF über-tragen werden. Diese könnte die Versicherung privat oder beitragsfrei fort-führen. Damit wären dann sämtliche Ansprüche aus der Pensionszusage er-loschen. Bei dieser Vorgehensweise sind allerdings die steuerlichen Aus-wirkungen beim GGF näher zu betrachten. Der GGF muss im Jahr des Zuflusses (sprich im Jahr der Übertragung) das Deckungskapital der Rückdeckungsversicherung nach § 19 EStG (unter Anwendung § 34 EStG = Fünftelregelung) versteuern. Eine Abfindung kann nicht erzwungen werden. Der Versorgungsberechtigte muss sich diese nicht aufzwingen lassen. Es besteht allerdings auch kein "Anspruch", dass der Insolvenzverwalter dieser Vorgehensweise zustimmt.

Es gibt des Weiteren die Möglichkeit, dass der Insolvenzverwalter zustimmt, die Pensionszusage auf ein Lebensversicherungsunternehmen zu übertragen und im Zuge dessen dann eine Liquidationsdirektversicherung abgeschlossen wird. Die Mittel aus der verpfändeten Rückdeckungsversicherung werden hierzu verwendet. Die Übertragung der Pensionszusage als solche ist nach § 3 Nr. 65 EStG unbegrenzt steuerfrei. Erst wenn die Liquidationsversicherung zur Auszahlung kommt sind die Leistungen zu versteuern. In diesem Fall wird allerdings die Auszahlung der Leistungen steuerlich genauso behandelt wie die ursprüngliche Pensionszusage. Die Versteuerung erfolgt nach § 19 Abs. 2 EStG mit den entsprechenden Freibeträgen.

Neben der Kapitalisierung von Rückdeckungsversicherungen könnte im Falle einer Insolvenz aber auch ein Widerruf der Versorgungszusage im Fokus des Insolvenzverwalters stehen. Mit dem Wegfall der Zusage würde dann auch die Verpfändung der Rückdeckungsversicherung entfallen. Da die Vorschriften des BetrAVG für einen beherrschenden Gesellschafter-Geschäftsführer keine Anwendung finden, richten sich die Änderungsmöglichkeiten (Widerruf) einer bAV nach den Bestimmungen des § 313 BGB – Störung der Geschäftsgrundlage. Diese Regelung des allgemeinen Rechts findet auch in der betrieblichen Altersversorgung Anwendung. Die realen Möglichkeiten dieser Vorschrift sind aber durch den Gesetzgeber eng abgesteckt. Hiernach kann sich der Schuldner einer Leistungsverpflichtung (Arbeitgeber) nicht auf beliebige Leistungserschwernisse (z.B. unerwartete Finanzierungsschwierigkeiten) berufen. Allein die Tatsache, dass der Arbeitgeber bzw. der Insolvenzverwalter nicht die erforderlichen Mittel zur Verfügung haben, um betriebliche Versorgungsleistungen zu erbringen, stellt keinen Fall der Störung der Geschäftsgrundlage dar. Das Risiko der Erfüllung des betrieblichen Leistungsversprechens verbleibt also auch im Insolvenzfall beim Arbeitgeber (anders Pradl, in Pensionszusagen an Gesellschafter-Geschäftsführer, Rz. 1117 – 1121, S. 268, 4. Auflage, NWB).

Soweit das Betriebsrentengesetz auf den nicht beherrschenden Gesellschafter-Geschäftsführer Anwendung findet, verbietet sich der Widerruf aufgrund gefestigter Rechtsprechung.

Nach einer Entscheidung des BAG wurde einem Unternehmen in wirtschaftlicher Notlage ein bedingtes Widerrufsrecht zuerkannt, jedoch nur unter der Voraussetzung, dass die Reduzierung der Versorgungsverpflichtung zu einer erfolgreichen Sanierung des Unternehmens führt bei gleichzeitigem Verzicht von Ansprüchen anderer Gläubiger. Misslingt die Sanierung mit dem Ergebnis eines Insolvenzeintritts, so entfällt auch die Wirkung des Widerrufs (BAG, 26.11.88, BB 86, 1989).

Damit eine Verpfändung rechtswirksam ist, müssen in der Praxis zahlreiche Restriktionen beachtet werden. Gerade im Bereich der GGF-Versorgung muss nicht nur auf die steuerrechtliche Wirksamkeit geachtet werden, sondern auch auf die zivilrechtliche Wirksamkeit der erteilten Pensionszusage. Im Insolvenzfall prüfen Insolvenzverwalter sehr genau, ob die Verpfändung auch zivilrechtlich zustande gekommen ist.

Aufgrund der akzessorischen Wirkung des Pfandrechts ist die wichtigste Voraussetzung eine zivilrechtliche wirksame Pensionszusage. Das Pfandrecht ist direkt von der bestehenden Forderung aus der Versorgungszusage abhängig. Demnach läuft das Pfandrecht ins Leere, soweit keine zivilrechtlich wirksame Pensionszusage getroffen wurde. Neben dem Schriftformerfordernis, setzt eine wirksam erteilte Pensionszusage bei Geschäftsführern das Vorliegen eines Gesellschafterbeschlusses i.S.d. § 48 Abs. 1 GmbHG voraus (vgl. Doetsch/Lenz, Versorgungszusagen an Gesellschafter-Geschäftsführer und –Vorstände, S. 53; BGH-Urteil vom 25.03.1991 – II ZR 169/90 = DB 1991, 1065; GmbHR 1991, 363).

Handelt es sich um eine sogenannte Ein-Mann-GmbH ist zudem die Befreiung vom Selbstkontrahierungsverbot gem. § 181 BGB erforderlich. Die Befreiung vom Selbstkontrahierungsverbot ist neben der Satzung auch ins Handelsregister einzutragen (vgl. Doetsch/Lenz, Versorgungszusagen an Gesellschafter-Geschäftsführer und –Vorstände, S. 53). Unterschreibt der Gesellschafter-Geschäftsführer für die GmbH und für sich als Versorgungsberechtigten, so ist auch hier die Befreiung vom Selbstkontrahierungsverbot obligatorisch. Das gleiche gilt, wenn der Geschäftsführer selbst die Rückdeckungsversicherung im Namen der GmbH abschließt. Unterschreibt kein anderer Gesellschafter den Versicherungsvertrag mit, so muss der Geschäftsführer ebenfalls Einzelvertretungsberechtigt sein. Wird der Versicherungsvertrag von weiteren Personen gegengezeichnet, so muss geprüft werden ob hier ebenfalls Zeichnungsberechtigung vorliegt (vgl. Prost/Wieting, Verpfändung bei Insolvenz und Saldierung nach BilMoG, PBA).

Die Verpfändungsvereinbarung ist durch den Schuldner der Hauptforderung (Arbeitgeber) und dem Pfandgläubiger (Versorgungsberechtigten) zu unterschreiben. Handelt es sich bei dem Pfandgläubiger um einen Geschäftsführer ist neben dessen Unterschrift zwingend noch ein Gesellschafterbeschluss gem. § 48 Abs. 1 GmbHG erforderlich. Dem Grunde nach, hat sich dies bereits aus dem BGH-Urteil vom 25.03.1991 ergeben. Konkret wurde dies jedoch ausdrücklich durch das Urteil des OLG Düsseldorf vom 23.04.2009.

Es ist zu empfehlen, die Verpfändungsvereinbarung in direktem Zusammenhang mit der Erteilung der Pensionszusage vorzunehmen. Wird die Verpfändungsvereinbarung erst dann vorgenommen, wenn ein Insolvenzverfahren bereits absehbar ist oder das Unternehmen sich in einer wirtschaftlichen Krise befindet, könnte der Insolvenzverwalter i.V.m. den §§ 129 ff. InsO die Verpfändung wegen Gläubigerbenachteiligung anfechten (s. Exkurs: Insolvenzanfechtung, weiter hinten). Es ist darauf zu achten, dass zum Zeitpunkt der Verpfändung der Pfandgegenstand (policierte Rückdeckungsversicherung) auch tatsächlich vorhanden ist, damit in der Verpfändung ein eindeutiger Bezug zum Pfandgegenstand vorgenommen werden kann (bspw. Durch Angabe der Vertragsnummer). Andernfalls könnte auch hier der Insolvenzverwalter von der Möglichkeit der Insolvenzanfechtung Gebrauch machen. In der Verpfändungsvereinbarung sind Angaben zum Versorgungsberechtigten vorzunehmen. Es sollte vollständiger Name, das Geburtsdatum und die Anschrift benannt werden. Außerdem ist der Arbeitgeber als Versorgungsschuldner genau zu bezeichnen. Eine weitere Voraussetzung für eine wirksame Verpfändung ist die klare Bestimmbarkeit der zu sichernden Forderung. Dies kann durch die genaue Bezeichnung der Pensionszusage mit Datum erreicht werden. Es sollte eine Kopie der Versorgungszusage beigefügt werden (vgl. Prost/Wieting, Verpfändung bei Insolvenz und Saldierung nach BilMoG, PBA). Neben der klaren Bestimmbarkeit der Forderung ist die eindeutige Bestimmbarkeit des Pfandgegenstandes, hier der Rückdeckungsversicherung, Voraussetzung für eine rechtssichere Verpfändung. Hier sollten Angaben zum Versicherer und Versicherungsscheinnummer der entsprechenden Rückdeckungsversicherung aufgenommen werden. Ist die Versicherungsscheinnummer noch nicht bekannt, kann diese später nachgetragen werden. In jedem Fall sollte dieser Nachtrag dem Versicherer nochmals angezeigt werden. Zudem sollte eine Regelung getroffen werden, inwieweit auch die Überschüsse aus der Rückdeckungsversicherung dem Pfandgläubiger zufallen sollen. (vgl. Prost/Wieting, Verpfändung bei Insolvenz und Saldierung nach BilMoG, PBA; auch Bungert, Die Insolvenzsicherung in den Durchführungswegen Pensionszusage und Unterstützungskasse aus Sicht des Versorgungsberechtigten 1. Aufl., Alcham Wissenschaftsverlag, 2012, S.71, so auch Blomeyer, Die Verpfändung von Rückdeckungsversicherungen an Versorgungsanwärter der betrieblichen Altersversorgung, BetrAV 7/99, S. 293).

Sind in der Pensionszusage Leistungen an Hinterbliebene vereinbart, werden diese auch regelmäßig von der Rückdeckungsversicherung eingeschlossen. Demnach sind diese Leistungen aus der Rückdeckungsversicherung nachrangig an die Hinterbliebenen zu verpfänden. Erfolgt hier keine Verpfändung, würde im Falle des Todes des versorgungsberechtigten während des Insolvenzverfahrens, die Leistungen zur Insolvenzmasse herangezogen.

Selbst wenn der Zweck der Verpfändung grundlegend darin zu finden ist, die Sicherstellung der Ansprüche der Versorgungsberechtigten im Insolvenzfall des Arbeitgebers zu gewährleisten, ist es ratsam eine Formulierung zu wählen, die nicht nur auf den Tatbestand der Insolvenz abstellt. Ansonsten bestünde die Gefahr, dass die Verpfändung wegen Gläubigerbenachteiligung im Rahmen der Insolvenzanfechtung angreifbar wird (BGH-Urteil vom 10.07.1997 -IX ZR 161/96; vgl. auch Prost/Wieting, Verpfändung bei Insolvenz und Saldierung nach BilMoG, PBA).

Eine weitere zwingende Voraussetzung ist die Unterschrift aller Pfandgläubiger. Im Falle einer Waisenrente, sollte der gesetzliche Vertreter für noch nicht volljährige Kinder unterschreiben. Außerdem hat der Versorgungsschuldner zu unterschreiben. Hier ist wiederum darauf zu achten, dass die Unterschrift von einem Vertretungsberechtigten vorgenommen wird. Unterzeichnet der Geschäftsführer selbst als Vertretungsberechtigter des Unternehmens so ist auch hier auf die Befreiung vom Selbstkontrahierungsverbot (§181 BGB) zu achten (vgl. Bungert, Die Insolvensicherung in den Durchführungswegen Pensionszusage und Unterstützungskasse aus Sicht des Versorgungsberechtigten 1.Aufl., Alcham Wissenschaftsverlag, 2012, S.74 ff.).

Letztendlich setzt § 1280 BGB voraus, dass die Verpfändung dem Versicherer anzuzeigen ist. Geschieht dieses nicht, so ist die Verpfändung absolut unwirksam und der Wert der Rückdeckungsversicherung kann im Insolvenzfall zugunsten der Insolvenzmasse realisiert werden (Günter/Kohly, Feststellung und Verwertung von Lebensversicherungsverträgen, ZIP 27/2006; BGHZ 112, 387, 389 ff. = ZIP 1991, 31, 32; NJW 2005, 2192, 2193 und Rundschreiben des BMJ vom 28.08.1995 –IV B 7 – S. 2742 – 68/95; BStBl. I 1996, 50). Die Anzeige der Verpfändung ist durch den Versorgungsschuldner vorzunehmen. Der Arbeitgeber kann jedoch auch den Pfandgläubiger dazu berechtigen, die Anzeige der

Verpfändung vorzunehmen (vgl. Palandt, Beck´sche Kurzkommentar BGB, Rdnr. 2 zu § 1280). Aus Beweis- und Darlegungsgründen ist es zu empfehlen, sich die Anzeige der Verpfändung durch den Versicherer bestätigen zu lassen.

Verwertet nun der Insolvenzverwalter die eingezogene Rückdeckungsversicherung in dem er sie zur Masse einzieht und nicht zur Befriedigung der Ansprüche des Pfandgläubigers hinterlegt, muss ein geeigneter Rechtsbeistand prüfen ob die dargestellten Voraussetzungen, für die Verwertung, erfüllt sind oder nicht. Der Bundesgerichtshof erlaubt dem Insolvenzverwalter, die Rückdeckungsversicherung trotz wirksamer Verpfändung und Unverfallbarkeit der Zusage einzuziehen (BGH-Urteil -IX ZR 138/04). Der Pfandgläubiger einer Pensionszusage kann vom Insolvenzverwalter die Sicherstellung nach §§ 1282 I, 1228 II BGB verlangen, wenn alle Voraussetzungen einer rechtssicheren Verpfändung gegeben sind. Dafür kommt beispielsweise die Hinterlegung des Geldes bei Gericht in Frage. In diesem Fall erfolgt in aller Regel keinerlei Verzinsung nach der Hinterlegungsordnung. Nur über die Gläubigerversammlung beziehungsweise durch das Insolvenzgericht kann dem Insolvenzverwalter vorgegeben werden, bei welcher Stelle und zu welchen Bedingungen das Geld wieder anzulegen ist, § 149 InsO. Gesetzlich vorgeschrieben ist im Grundsatz die Mündelsicherheit der Anlage. Die Hinterlegung dauert bedingungsgemäß dann so lange, bis der Leistungsfall eintritt. Fällt die Bedingung später aus, etwa weil der Leistungsfall aus der Pensionszusage nicht mehr eintreten kann, verteilt der Insolvenzverwalter das Geld nachträglich unter den Gläubigern.

Nach dem rechtskräftigen Urteil des OLG Düsseldorf bedarf nicht nur die Erteilung einer Pensionszusage an einen (Gesellschafter)Geschäftsführer, sondern auch die Verpfändung der Ansprüche aus einer Rückdeckungsversicherung der Zustimmung der Gesellschafterversammlung. Der Bundesgerichtshof hatte mit Urteil vom 25.03.1991 entschieden, dass die Zuständigkeit für Abschluss, Änderung, Kündigung und vertragliche Aufhebung des Anstellungsvertrages (einschließlich betrieblicher Versorgungszusagen) des GmbH-Geschäftsführers bei der Gesellschafterversammlung (bzw. demnach Gesellschaftsvertrag hierfür zuständigen Gesellschaftsorgan) liegt. Mit Schreiben vom 16.05.1994 hatte dann der BMF darauf hingewiesen, dass dieses BGH-Urteil auch bei „Vereinbarungen über die Änderung der Bezüge" eines Gesellschafter-Geschäftsführers anzuwenden ist. Damit werden von der BGH-Rechtsprechung auch die Erteilung und Änderung betrieblicher Versorgungsversprechen erfasst.

Der Abschluss einer Rückdeckungsversicherung und deren Verpfändung zu Gunsten des versorgungsberechtigten Gesellschafter-Geschäftsführers galten bislang nach der herrschenden Meinung in der Literatur als unselbständiger Akt der Umsetzung und Absicherung der Versorgungszusage, der eine erneute Zustimmung der Gesellschafterversammlung nicht erforderlich macht.

Das OLG Düsseldorf teilt diese Auffassung aber nicht. Zur Begründung führt das Gericht aus, dass die Verpfändung des Rückdeckungsvermögens einer bereits erteilten Pensionszusage eine neue höhere Qualität verschafft, in dem sie diese grundsätzlich insolvenzfest macht. In diesem Sinne hat die Verpfändung einen eigenständigen, über die Pensionszusage als solche weitergehenden Entgeltcharakter.

3.12. Erfassung von Daten zur Pensionszusage

Bevor es an eine eingehende Überprüfung geht, müssen sämtliche Daten zur Versorgungszusage erfasst werden. Das nachstehende Beispiel einer Checkliste verdeutlicht den Arbeitsaufwand, der vor der Prüfung zu erfolgen hat. Je ausführlicher die Daten vorhanden sind, um so leichter fällt es dem Prüfenden den Überblick zu wahren.

Checkliste zur Überprüfung einer bestehenden Pensionszusage mit vorhandener Rückdeckung durch Versicherungsprodukte

Unternehmen:

versorgungsberechtigte Person:

Datum der Erfassung:__.__.___

Daten des Unternehmens

Name:

_____

Rechtsform: ❑ GmbH ❑ AG ❑ UG haftungsbeschränkt ❑ Ltd. ❑ e.V.
                     ❑ Stiftung ❑ GmbH&Co. KG ❑ KG ❑ OHG ❑ Einzelunter-
                     nehmen

Gründungsdatum:__.__.____

Nächster Bilanzstichtag:__.__.____

persönlichen Daten:

Name:

_____

Geburtsdatum: __.__.____

Familienstand: ❑ledig ❑ verheiratet ❑ eingetr. Lebenspartnerschaft
                     ❑ verwitwet ❑ geschieden

Eintritt in das Unternehmen:__.__.____

Anteile an dem Unternehmen: ___%

Monatsgehalt: _____.__EUR

Sonderzahlungen: _____.__EUR

Monatsgehalt zum Zeitpunkt Zusageerteilung: _____.__❑ EUR ❑ DM

Besteht für Sie eine Direktversicherung? ❑Ja ❑Nein   ❑§40b EStG ❑§3Nr.63
EStG

Beginn der Versicherung: __.__.____

Endalter der Versicherung: ____ Jahre

❑Monatsbeitrag ❑Jahresbeitrag: _____.__EUR

Versicherungsleistung : ❑Kapitalzahlung ❑Rentenzahlung

❑Versicherungssumme ❑ garantierte Rente: _____.__EUR

BUZ: ❑ Ja ❑ Nein Jahresrente: _____.__ EUR   ❑ Beitragsbefreiung

Werden für Sie Beiträge an die Gesetzliche Rentenversicherung abgeführt?
❑Ja ❑Nein wenn ja: Höhe der Beiträge: _____.__EUR/Monat

Gesetzliche Voraussetzungen zur Wirksamkeit der Versorgungszusage
Einzelvertretungsberechtigung: ❑ Ja ❑ Nein
Eintragung im Handelsregister: ❑ Ja* ❑ Nein
*= wenn möglich Handelsregisterauszug beifügen

Befreiung vom Selbstkontrahierungsverbot (§ 181 BGB):   ❑ Ja ❑ Nein
Eintragung im Handelsregister: ❑ Ja* ❑ Nein
*= wenn möglich Handelsregisterauszug beifügen

Weitere Anteilseigner

_____   ____%

_____   ____%

_____   ____%

_____   ____%

_____   ____%

Daten der bestehenden Pensionszusage

Datum der Zusageerteilung: __.__.____

❑ Rentenzusage ❑ Festbetragszusage ❑ beitragsorientierte Leistungszusage
❑ gehaltsdynamische Leistungszusage ❑ Kapitalzusage

Aktueller Stand der Zusage

Monatsrenten:
❑ Altersrente: _____.__ EUR
❑ Invalidenrente: _____.__ EUR
❑ Witwen-/Witwerrente: _____.__ EUR
❑ Waisenrente: _____.__ EUR

Kapitalzahlungen:
❑ Erlebensfallleistung: _____.__ EUR
❑ Todesfallleistung: _____.__ EUR
❑ Invaliditätsleistung: _____.__ EUR

Entwicklung der Zusage

❑ feste Anwartschaftsdynamik __% p.a.

❑ feste Rentendynamik __% p.a.

❑ Gehaltsdynamik, prozentualer Zusageanteil: ___% des Gehalts

❑ Anpassung gem./analog § 16 BetrAVG

bestehende Rückdeckungsversicherungen:

Versicherungsgesellschaft:_____
_____
Tarifart: ❑ Kapitallebensversicherung ❑ Risikolebensversicherung ❑
Rentenversicherung
Versicherungsbeginn: __.__.____
Endalter: ___. Lebensjahr

Ursprüngliche Versicherungsleistung:

Erlebensfallsumme: _____.__EUR
mtl. Rente: _____.___EUR ❑ Gesamtrente ❑ steigende Rente
Todesfallsumme: _____.__EUR
mtl. Witwen-/Waisenrente: _____.__EUR ❑ Gesamtrente ❑ steigende Rente
Vorauss. Ablaufleistung: _____.__EUR
Beitrag: _____.__EUR ❑ p.m. ❑ p.a.

Zusätzliche Absicherung bei Berufsunfähigkeit:
BUZ: ❑ Ja ❑ Nein Jahresrente: _____.__ EUR   ❑ Beitragsbefreiung

Vereinbarung über die Dynamik der Versicherung:

❑ fester Prozentsatz ___% p.a.

❑ gekoppelt an die Entwicklung der gesetzlichen Rentenversicherung

2. Rückdeckungsversicherung:
Versicherungsgesellschaft:_____
_____
Tarifart: ❑ Kapitallebensversicherung ❑ Risikolebensversicherung ❑ Rentenversicherung
Versicherungsbeginn: __.__.____
Endalter: ___. Lebensjahr

Ursprüngliche Versicherungsleistung:
Erlebensfallsumme: _____.__EUR
mtl. Rente: _____.___EUR ❑ Gesamtrente ❑ steigende Rente
Todesfallsumme: _____.__EUR
mtl. Witwen-/Waisenrente: _____.__EUR ❑ Gesamtrente ❑ steigende Rente
Vorauss. Ablaufleistung: _____.__EUR
Beitrag: _____.__EUR ❑ p.m. ❑ p.a.

Zusätzliche Absicherung bei Berufsunfähigkeit:
BUZ: ❑ Ja ❑ Nein Jahresrente: _____.__ EUR   ❑ Beitragsbefreiung

Vereinbarung über die Dynamik der Versicherung:

❑ fester Prozentsatz ___% p.a.
❑ gekoppelt an die Entwicklung der gesetzlichen Rentenversicherung

3. Rückdeckungsversicherung:

Versicherungsgesellschaft:_____

Tarifart: ❑ Kapitallebensversicherung ❑ Risikolebensversicherung ❑ Rentenversicherung
Versicherungsbeginn: __.__.____
Endalter: ___. Lebensjahr

Ursprüngliche Versicherungsleistung:

Erlebensfallsumme: _____.__EUR
mtl. Rente: _____.___EUR ❑ Gesamtrente ❑ steigende Rente
Todesfallsumme: _____.__EUR
mtl. Witwen-/Waisenrente: _____.__EUR ❑ Gesamtrente ❑ steigende Rente
Vorauss. Ablaufleistung: _____.__EUR
Beitrag: _____.__EUR ❑ p.m. ❑ p.a.

Zusätzliche Absicherung bei Berufsunfähigkeit:

BUZ: ❑ Ja ❑ Nein Jahresrente: _____.__ EUR ❑ Beitragsbefreiung

Vereinbarung über die Dynamik der Versicherung:

❑ fester Prozentsatz ___% p.a.
❑ gekoppelt an die Entwicklung der gesetzlichen Rentenversicherung

4. Rückdeckungsversicherung:

Versicherungsgesellschaft:_____

Tarifart: ❑ Kapitallebensversicherung ❑ Risikolebensversicherung ❑ Rentenversicherung
Versicherungsbeginn: __.__.____
Endalter: ___. Lebensjahr

Ursprüngliche Versicherungsleistung:
Erlebensfallsumme: _____.__EUR
mtl. Rente: _____.___EUR ❑ Gesamtrente ❑ steigende Rente
Todesfallsumme: _____.__EUR
mtl. Witwen-/Waisenrente: _____.__EUR ❑ Gesamtrente ❑ steigende Rente
Vorauss. Ablaufleistung: _____.__EUR
Beitrag: _____.__EUR ❑ p.m. ❑ p.a.

Zusätzliche Absicherung bei Berufsunfähigkeit:
BUZ: ❑ Ja ❑ Nein Jahresrente: _____.__ EUR ❑ Beitragsbefreiung

Vereinbarung über die Dynamik der Versicherung:

❑ fester Prozentsatz ___% p.a.
❑ gekoppelt an die Entwicklung der gesetzlichen Rentenversicherung

Aktueller Stand der Rückdeckungsversicherungen:

Stand per: __.__.____

1.Rückdeckungsversicherung wurde von Beginn an unverändert fortgeführt:
❑ Ja ❑ Nein
wenn nein:
❑ dynamische Anpassung s.o.   ❑ Beitragsfreistellung per: __.__.____

Bitte aktuelle Werte bei der jeweiligen Versicherungsgesellschaft anfragen und beifügen.

2.Rückdeckungsversicherung wurde von Beginn an unverändert fortgeführt: ❑ Ja ❑ Nein
wenn nein:
❑ dynamische Anpassung s.o.   ❑ Beitragsfreistellung per: __.__.____

Bitte aktuelle Werte bei der jeweiligen Versicherungsgesellschaft anfragen und beifügen.

3.Rückdeckungsversicherung wurde von Beginn an unverändert fortgeführt:
❑ Ja ❑ Nein
wenn nein:
❑ dynamische Anpassung s.o.   ❑ Beitragsfreistellung per: __.__.____
Bitte aktuelle Werte bei der jeweiligen Versicherungsgesellschaft anfragen und beifügen.

4.Rückdeckungsversicherung wurde von Beginn an unverändert fortgeführt:
❑ Ja ❑ Nein
wenn nein:
❑ dynamische Anpassung s.o.   ❑ Beitragsfreistellung per: __.__.____

Bitte aktuelle Werte bei der jeweiligen Versicherungsgesellschaft anfragen und beifügen.

Status

steuerrechtliche Beherrschung der GmbH: ❑ ja   ❑ nein   ❑ ungeprüft

sozialversicherungsrechtliche Beherrschung: ❑ ja   ❑ nein   ❑ ungeprüft

abhängige Beschäftigung (arbeitsrechtlich): ❑ ja   ❑ nein   ❑ ungeprüft

Erteilung der Pensionszusage

Liegt ein Gesellschafterbeschluss vor: ❑ ja   ❑ nein
wenn ja, bitte beifügen

Liegt eine schriftliche und unterschriebene
Pensionszusage vor: ❑ ja   ❑ nein
wenn ja, bitte beifügen

Erfolgte die Erteilung der Pensionszusage
frühestens 5 Jahre nach GmbH-Gründung: ❑ ja   ❑ nein

Erfolgte die Erteilung der Pensionszusage
nach frühestens 2 Jahre Erprobungszeit: ❑ ja   ❑ nein

Wurde die Pensionszusage spätestens 10 Jahre
vor dem frühesten Pensionierungszeitpunkt
erteilt: ❏ ja ❏ nein
Wurde die Pensionszusage vor Vollendung
des 60. Lebensjahres erteilt: ❏ ja ❏ nein

Höhe der Pensionszusage

Ist die Pensionszusage größer als 75% des
aktuellen Gehaltes: ❏ ja ❏ nein

Sind alle Versorgungsleistungen niedriger als
75% des aktuellen Gehaltes ❏ ja ❏ nein

Ist die Gesamtvergütung angemessen: ❏ ja ❏ nein
*Steuerberater befragen

Weitere steuerrechtliche Vorschriften

Sind in der Pensionszusage Widerrufsvorbehalte
enthalten: ❏ ja ❏ nein
wenn ja, Nr. / Paragraph der Zusage: _____

Behalten Sie unverfallbare Ansprüche, wenn
Sie aus dem Unternehmen ausscheiden: ❏ ja ❏ nein
wenn ja, Nr. / Paragraph der Zusage: _____

Wurde die Höhe der unverfallbaren Ansprüche
festgelegt: ❏ ja ❏ nein
wenn ja, Nr. / Paragraph der Zusage: _____

Wurde festgelegt, ab wann ein Anspruch auf
eine vorzeitige Altersrente besteht: ❏ ja ❏ nein
wenn ja, Nr. / Paragraph der Zusage: _____

Ist die Fälligkeit der vorgezogenen Altersrente
abhängig von der gesetzlichen Rentenversicherung: ❑ ja ❑ nein
wenn ja, Nr. / Paragraph der Zusage: _____
Wurde für den Fall einer vorgezogenen Altersrente
ein Abschlag auf die Rente vereinbart: ❑ ja ❑ nein
wenn ja, Nr. / Paragraph der Zusage: _____

Wurden Zuschläge für den Fall der längeren
Dienstzeit vereinbart: ❑ ja ❑ nein
wenn ja, Nr. / Paragraph der Zusage: _____

Wurde eine Leistungserhöhung in der Zusage
für den Fall der Überdeckung der Rückdeckungsversicherung vereinbart. ❑ ja ❑ nein
wenn ja, Nr. / Paragraph der Zusage: _____

Werden für Ihre Zusage Beiträge an den PSV
abgeführt: ❑ ja ❑ nein

Wurden Vermögenswerte (Rückdeckungsver-
sicherung oder ähnliches) an Sie verpfändet: ❑ ja ❑ nein
Wenn ja, liegt ein Gesellschafterbeschluss vor: ❑ ja ❑ nein
*Verpfändungserklärung und Beschluss beifügen

Findet sich in Ihrer Zusage eine Formulierung
zur Abfindung der Anwartschaften?
wenn ja, Nr. / Paragraph der Zusage: _____ ❑ ja ❑ nein

Findet sich in Ihrer Zusage eine Formulierung
zur Abfindung der Renten durch eine Kapitalzahlung? ❑ ja ❑ nein
wenn ja, Nr. / Paragraph der Zusage: _____

Hinterbliebenenversorgung

Ist/sind die/der Hinterbliebenenrentenberechtigte
namentlich erwähnt und sind die Geburtsdaten
festgehalten: ❑ ja   ❑ nein
wenn ja, Nr. / Paragraph der Zusage: _____
wenn nein, bitte aufführen

_____

_____

Dynamik

Ist die Pensionszusage bis zum Rentenbeginn
gehaltsabhängig gestaltet: ❑ ja   ❑ nein
wenn ja, Nr. / Paragraph der Zusage: _____

Wurde in der Pensionszusage bis zum Rentenbeginn
ein fester Anstieg oder ein jährlicher
Mindestanstieg der Anwartschaft vereinbart: ❑ ja   ❑ nein
wenn ja, Nr. / Paragraph der Zusage: _____

Sieht die Pensionszusage nach Rentenbeginn
eine Leistungsdynamik vor: ❑ ja   ❑ nein
wenn ja, Nr. / Paragraph der Zusage: _____

Sind sonstige Trendannahmen in der Pensions-
Zusage vorhanden?   ❑ ja   ❑ nein

Rückdeckungsversicherung*

Könnte im Falle des vorzeitigen Versorgungs-
Falles heute eine bilanzrechtliche Überschuldung
drohen?   ❑ ja   ❑ nein

Ist die Hinterbliebenenrente bezogen auf den
Versicherungsbarwert vollständig rückgedeckt: ❑ ja   ❑ nein
Unterdeckung => Bilanzsprungrisiko Überschuldung

Ist die Invalidenrente vollständig rückgedeckt: ❑ ja   ❑ nein
Unterdeckung => Bilanzsprungrisiko Überschuldung
Überdeckung => Gefahr überhöhter Forderungsaktivierung

Ist die Höhe der Absicherung der Altersrente
heute bezogen auf den Barwert nach Heubeck
steuerrechtlich ausreichend: ❑ ja   ❑ nein

Ist die Altersrente heute nach Versicherungs-
Werten voll abgesichert?   ❑ ja   ❑ nein

*=gegebenenfalls ist eine Aussage zu den Rückdeckungsversicherungen erst
nach Anforderung der Daten beim rückdeckenden Versicherungsunternehmen
möglich

Beigefügte Unterlagen in Kopie:

❑ Pensionszusage

❑ Nachträge zur Pensionszusage

❑ Verpfändungserklärungen

❑ Gesellschafterbeschlüsse

❑ voraussichtliche Versicherungsleistungen

❑ Handelsregisterauszug

4. Häufig anzutreffende Formulierungen in älteren Pensionszusagen

Bei der Überprüfung der Texte von älteren Pensionszusagen fallen immer wieder Formulierungen ins Auge, die bei Einrichtung dieser Zusagen, üblich bzw. rechtlich einwandfrei waren. Änderungen von Gesetzen, andere Sichtweisen der Finanzverwaltung und geänderte Rechtsprechung zwingen zur Überarbeitung dieser Zusagen.

Nachfolgend sollen einige besonders auffällige Punkte aufgegriffen werden, damit der Blick für die Auseinandersetzung mit dieser Thematik geschult wird.

Formulierung für einen vorzeitigen Rentenbezug:

„Beziehen Sie vor der Vollendung des 65. Lebensjahres Altersruhegeld aus der gesetzlichen Rentenversicherung, so können Sie entsprechend § 6 BetrAVG das betriebliche Altersruhegeld bereits ab diesem Zeitpunkt verlangen, sofern die übrigen Voraussetzungen zur Leistungsgewährung erfüllt sind. Aufgrund der vorzeitigen Inanspruchnahme ermäßigt sich im diesem Fall die Altersrente um 0,5% pro Monat der vorzeitigen Inanspruchnahme."

Hier wird das Schicksal der vorzeitigen Inanspruchnahme aus der Pensionszusage mit dem Schicksal des Bezugs von Altersruhegeld aus der gesetzlichen Rentenversicherung verknüpft und außerdem Bezug auf das Betriebsrentengesetz genommen. Das führt dazu, dass es sich um eine conditio sine qua non handelt. D.h. es ist eine Bedingung, ohne die es nicht geht. In der Regel führt diese Bestimmung dazu, dass eine vorzeitige Inanspruchnahme ausgeschlossen ist, da der Versorgungsberechtigte kein Pflicht- oder freiwilliges Mitglied in der gesetzlichen Rentenversicherung ist und deshalb schon gewisse Bedingungen für den vorzeitigen Bezug von Rente aus der gesetzlichen Rentenversicherung nicht erfüllen kann.

In älteren Zusagen findet man selten Abfindungs- oder Kapitalzahlungsbestimmungen:

Früher stellte man sich auf den Standpunkt, dass, auf Grund der Vertragsfreiheit, eine Abfindungs- bzw. Kapitalzahlungsbestimmung in einer schriftlichen Pensionszusage nicht von Nöten war, da bei Ausscheiden, ob während der Anwartschaftsphase oder zu Rentenbeginn, der beherrschende GGF einen neuen Vertrag schloss und gegen Zahlung einer Summe auf seine laufende

Pension verzichtet. Manchmal findet man auch Bezugnahmen auf § 3 BetrAVG, der die Abfindung in nur geringen Grenzen erlaubt. Diskussionen über Verzichte und die damit verbundenen Konsequenzen, sowie die Forderung der Finanzverwaltung, dass alle Belange, wegen des Nachzahlungsverbotes, im Vorhinein schriftlich geregelt werden müssen, legt eine Regelung der Punkte nahe.

Häufig anzutreffende Formulierung im Punkt Widerruf:

„Die Gesellschaft behält sich vor, die Leistung zu kürzen oder einzustellen, wenn die bei der Erteilung der Pensionszusage maßgebenden Verhältnisse sich nach-haltig so wesentlich ändern, dass ihr die Aufrechterhaltung der zugesagten Leistungen auch unter objektiver Beachtung der Belange des Pensionsberechtigten nicht mehr zugemutet werden kann."

Dieser, als „Escape-Klausel" formulierte, Vorbehalt mag in wirtschaftlichen Notlagen zwar steuerrechtlich nicht bedenklich sein, wohl sollte man diesen Absatz auch unter insolvenzrechtlichen Aspekten betrachten. Wenn auch steuerrechtlich unbeachtlich, so ist der erste Widerrufsvorbehalt unter Insolvenzaspekten zu betrachten. Würde ein Insolvenzverwalter sich nicht auf diesen Absatz berufen und erklären, dass ein ordentlicher Geschäftsleiter auf Grund wirtschaftlicher Schwierigkeiten, die Zusage längst widerrufen hätte?
Es sollte überlegt werden diesen Passus durch Gesellschafterbeschluss zu streichen.

Der Punkt Verpfändungserklärung:

In vielen älteren Zusagen fehlt als Anlage zur Pensionszusage die Verpfändungserklärung, oder diese ist unvollständig oder von unzuständigen Personen unterzeichnet.
Mögliche Fehlerquellen:

- es fehlt die Verpfändungserklärung überhaupt
- die Verpfändungserklärung enthält keinen Bezug zur Pensionszusage
- es fehlen die Versicherungsscheinnummern
- die Gesellschafterversammlung hat die Verpfändung nicht beschlossen
- es fehlen Unterschriften und/oder Daten
- der Versicherungsgesellschaft liegt keine Verpfändungserklärung vor
- der Unterzeichnende GGF ist nicht Einzelvertretungsberechtigt und/oder nicht vom Verbot der Selbstkontrahierung befreit

Weitere formale Fehler in Pensionszusagen:

1. Fehlende Daten
   - Geburtsdaten,
   - Name des versorgungsberechtigten Hinterbliebenen,
   - Datum der Versorgungszusage,
   - nur teilausgefüllte Bereiche hinsichtlich der abzusichernden Risiken

2. Fehlende Unterschriften

3. Nichteintragung der Tatbestände (Einzelvertretungsberechtigung und/oder Befreiung vom Verbot der Selbskontrahierung) ins Handelsregister

4. Nichtvorliegen von Gesellschafterbeschlüssen

5. Nichtübereinstimmen von der Angabe des Registergerichts auf Firmenbögen mit den tatsächlichen Gegebenheiten am Tage der Unterzeichnung von Pensionszusage oder Gesellschafterbeschlüssen

6. Auffällige Rückdatierungen (z.B. Eine Zusage aus dem Jahr 1992 hat im Adressbereich schon die fünfstellige Postleitzahl, welche erst ab 1993 galt.)

7. Auf Zusagen oder Verpfändungserklärungen steht das Wort **„MUSTER"**

8. Es wurden Drucker verwendet, die es bei der Erstellung von Dokumenten noch gar nicht gab (z.B.: Tintenstrahl- oder Laserdrucker)

Nachdem die Pensionszusage inhaltlich überprüft und Fehler herausgearbeitet worden sind, beschäftigt man sich mit dem nächsten Punkt: Abstellung der Fehler durch Gesellschafterbeschluss, sofern die Erdienungsfrist von mindestens 10 Jahren noch gegeben ist.

5. Grundsätzliches zur Gesellschafterversammlung

5.1. Wann muss eine Gesellschafterversammlung abgehalten werden?

Wichtige Entscheidungen der Gesellschafter zu ihrer GmbH müssen in einer Gesellschafterversammlung beraten und beschlossen werden. Die Gesellschafter müssen laut Gesetz mindestens 1-mal pro Jahr eine Gesellschafterversammlung abhalten (ordentliche Gesellschafterversammlung). Darin müssen sie den Jahresabschluss der GmbH ordnungsgemäß feststellen und die Gewinnverwendung der GmbH festlegen. Für den GmbH-Geschäftsführer ist darüber hinaus wichtig, dass die Gesellschafter ihn für das abgelaufene Geschäftsjahr entlasten und ihm damit eine ordnungsgemäße Geschäftsführung attestieren. Die ordentliche Gesellschafterversammlung findet in aller Regel innerhalb dreier Monate, spätestens aber innerhalb von 11 Monaten nach Ablauf eines Geschäftsjahres statt.

Darüber hinaus können bei Bedarf außerordentliche Gesellschafterversammlungen stattfinden.

5.2. Einladung und Tagesordnung für die Gesellschafterversammlung

Wenn die Ladung formal nicht stimmt, kann ein Gesellschafterbeschluss schon deshalb unwirksam sein.

- **Frist:** Die Einladung hat mit einer Frist von mindestens 1 Woche zu erfolgen. D. h. die Ladung muss den Gesellschaftern 1 Woche vor dem Versammlungstermin zugegangen sein.

- **Form:** Von Gesetz wegen muss die Einberufung schriftlich mittels eingeschriebenen Briefes erfolgen. Dabei ist nicht vorgeschrieben, ob das Einwurf- oder das Übergabe-Einschreiben zu wählen ist. Da Sie im Zweifelsfall den Zugang der Ladung nachweisen müssen, empfohlen wird auf jeden Fall das Übergabe-Einschreiben.

Pflichtangaben sind

- **Adressat:** Jeder Gesellschafter muss eine Einladung erhalten. Sie ist an die letzte der Gesellschaft bekannte Adresse des jeweiligen Gesellschafters zu richten (auch Auslands- und/oder Geschäftsadressen sind zulässig, soweit der Zugang gewährleistet ist).

- **Absender:** Der Absender muss erkennbar sein (Firma und Name der einladenden Person, i. d. R. der Geschäftsführer).

- **Zeit und Ort der Versammlung:** Die Versammlung muss grundsätzlich am Ort der Gesellschaft stattfinden, es sei denn, der Gesellschaftsvertrag sieht etwas anderes vor und/oder alle Gesellschafter sind mit einem alternativen Versammlungsort einverstanden.

- **Tagesordnungspunkte (TOPs)** müssen – entgegen weit verbreiteter Auffassung – nicht zwingend in der Einladung benannt sein. Allerdings müssen sie jedem Gesellschafter 3 Tage vor der Versammlung bekannt gegeben werden. Es empfiehlt sich daher, innerhalb der Ladung auch die Tagesordnungspunkte aufzuführen. Ein Berechtigter (siehe Schritt 3), der nach erfolgter Ladung, aber vor Ablauf des 3. Tages vor der Versammlung einen TOP hinzufügen will, kann dies freilich noch tun.

Der Geschäftsführer darf nicht einfach irgendeine Tagesordnung für die Gesellschafterversammlung verschicken. Formuliert er im Einladungs-schreiben falsch oder unvollständig, kann auch das zu einem anfechtbaren und schlussendlich unwirksamen Gesellschafterbeschluss führen.

5.3. Feststellen der Beschlussfähigkeit der Gesellschafterversammlung

- Zu Beginn der Versammlung sollte immer die Beschlussfähigkeit festgestellt werden. Denn: Beschlüsse einer beschlussunfähigen Versammlung sind nichtig.

- Feststellung der ordnungsgemäß erfolgten Ladung: War diese nicht korrekt (weil z. B. nicht alle Gesellschafter eine Einladung erhalten haben), können Beschlüsse nur gefasst werden, wenn alle Gesellschafter anwesend sind und alle auf die ordnungsgemäße Ladung der Versammlung verzichten. In einer „1-Mann-GmbH" ist eine Ladung natürlich nicht erforderlich. Die Gesellschafterversammlung ist schon bei Anwesenheit des einzigen Gesellschafters in jedem Fall beschlussfähig.

- Feststellung der ordnungsgemäßen Besetzung: Anschließend werden die anwesenden Gesellschafter und das damit vertretene Stammkapital festgestellt. Ein Gesellschafter hat die Möglichkeit, sich durch einen Bevollmächtigten (einen anderen Gesellschafter oder einen Dritten) vertreten zu lassen. Diese Vollmacht bedarf zu ihrer Wirksamkeit aber der Schriftform. Liegt nur eine mündliche Vollmacht vor, so hat der Bevollmächtigte weder ein Stimm- noch ein Anwesenheitsrecht.

Fehlt im Gesellschaftsvertrag eine Regelung zur Beschlussfähigkeit, ist die Gesellschafterversammlung, unabhängig von ihrer Besetzung, immer beschlussfähig, wenn ordnungsgemäß geladen wurde. In der Regel gibt der Gesellschaftsvertrag aber eine erforderliche Mindestbesetzung vor. Scheitert die Beschlussfähigkeit am anwesenden (Mindest-) Stammkapital, ist die Gesellschafterversammlung nicht beschlussfähig.

5.4. Abstimmen in der Gesellschafterversammlung

Die Mehrheit, mit der über die Tagesordnungspunkte beschlossen wird, ergibt sich aus dem Gesellschaftsvertrag. Lesen Sie dort unbedingt nach! Gibt es keine speziellen Regelungen im Gesellschaftsvertrag, beschließt die Gesellschafterversammlung mit einfacher Mehrheit der abgegebenen Stimmen.

In einigen Fällen ist aber gesetzlich vorgesehen, dass mindestens eine ¾-Mehrheit der abgegebenen Stimmen vorliegen muss, um ein wirksames Abstimmungsergebnis herbeizuführen. Diese sind: Änderungen des Gesellschaftsvertrags, Kapitalerhöhungen bzw. -herabsetzungen, der Ausschluss eines Gesellschafters, Formwechsel, Umwandlung oder Verschmelzung der GmbH oder die Auflösung der GmbH und Fortsetzungsbeschluss.

5.4.1. Regeln für die Stimmzählung und Stimmabgabe:

- Jeder EUR eines Geschäftsanteils gewährt 1 Stimme (soweit der Gesellschaftsvertrag nichts anderes vorsieht).

- Hält ein Gesellschafter mehrere Geschäftsanteile, muss er dennoch einheitlich abstimmen. Eine unterschiedliche Stimmabgabe ist unzulässig (es sei denn, der Gesellschafter kann ein erhebliches berechtigtes Interesse hierfür nachweisen).

- Die Stimmabgabe kann in jeder erdenklichen Form als „Ja", „Nein" oder „Enthaltung" erfolgen. Üblich sind Handzeichen oder Stimmzettel, aber auch geheime schriftliche Abstimmungen. Soweit keine zwingende Form vorgeschrieben ist, liegt die Wahl der Methode in der Hand des Versammlungsleiters.

- Als Stimme gilt nur die abgegebene Stimme, nicht aber Enthaltungen. Letztere haben keinen Einfluss auf das Abstimmungsergebnis.

- Das Stimmrecht eines Geschäftsanteils kann im Rahmen der Vollmacht auch durch einen Vertreter, insbesondere durch einen anderen Gesellschafter, ausgeübt werden.

5.5. Gesellschafterbeschlüsse protokollieren

Eine ausdrückliche Feststellung des Beschlussergebnisses ist nicht vorgesehen. Der Gesellschafterbeschluss ist mit dem Abstimmungsergebnis wirksam. In bestimmten Fällen müssen Beschlüsse aber notariell beurkundet werden. Das sind insbesondere Beschlüsse, die eine Änderung des Gesellschaftsvertrags zur Folge haben, z. B. Kapitalerhöhungen bzw. -herabsetzungen oder die Umwandlung der GmbH.

Bei einer 1-Mann-GmbH sieht das Gesetz vor, dass eine Protokollierung stattzufinden hat, das Fehlen beseitigt aber nicht die Wirksamkeit des Beschlusses. Dennoch verlangen viele Gesellschaftsverträge eine Protokollierung des Beschlusses zu Beweiszwecken. Das Protokoll der Gesellschafterversammlung wird entweder vom Versammlungsleiter selbst oder von einer von der Gesellschafterversammlung beauftragten Person geführt. Der Protokollführer unterzeichnet das Protokoll. Zusätzlich kann der Versammlungsleiter zeichnen. Unterschreiben die Gesellschafter, so gilt dies als Zustimmung zum protokollierten Inhalt. Geschieht das nicht, erteilen sie ihre Zustimmung, wenn Sie nach Zugang des Protokolls nicht innerhalb einer angemessenen Frist (1 Monat) widersprechen.

- Jeder Gesellschafter hat das Recht auf Einsicht in das Protokoll (§ 51a GmbHG).
- Alleine schon aus Beweisgründen sollte das Protokoll jedem Gesellschafter ausgehändigt werden.

- Die Gesellschafter haben aber keinen gesetzlichen Anspruch auf Abschriften des Protokolls der Gesellschafterversammlung.

Unabhängig von der gesetzlichen Aufbewahrungspflicht (10 Jahre) empfiehlt sich eine lückenlose Dokumentation aller Gesellschafterbeschlüsse über die gesamte Lebenszeit des Unternehmens.

5.6. Was ist bei Gesellschafterbeschlüssen zu Versorgungszusagen zu beachten?

Die Wirkung von Versorgungszusagen entfaltet sich meist über viele Jahrzehnte – in der Anwartschafts- wie Leistungsphase. Gerade bei den Zusagen an Gesellschafter-Geschäftsführer geht es oft um hohe Summen, die in der Bilanz kleiner und mittelständischer GmbHs durchaus nennenswerte Posten darstellen. Bei den langen Zeiträumen, über die sich Versorgungszusagen erstrecken, kann auch der Wunsch aufkommen, die Zusage an neue Verhältnisse anzupassen. Dabei heißt es aufgepasst, denn gerade, wenn GGF involviert sind, schaut der Betriebsprüfer ganz genau hin.

Der Bundesfinanzhof hat ein Urteil zu diesem Thema veröffentlicht (BFH, 31.05.2017 - I R 91/15).

Zur Änderung von Versorgungszusagen sollten Fachleute herangezogen werden. Mal schnell einen Gesellschafterbeschluss zu fassen, geht immer wieder schief. Hier gilt: Das Gegenteil von „gut gemacht" ist „gut gemeint".

Während der Laie denkt, dass der Mathematiker das schon berechnen wird und es dazu auch nur eine Möglichkeit gibt, lehrt die Erfahrung, dass es meist mehrere Berechnungsmethoden gibt, wenn nicht alle Parameter vollständig beschrieben werden. Daher sollte man bei Änderungen auch mit dem beauftragten versicherungsmathematischen Gutachter sprechen und eineindeutig fixieren, was den genau vereinbart werden soll.

Der BFH unterstreicht nochmals die Messlatte der Eindeutigkeit. Auch die in der betrieblichen Altersversorgung fast selbstverständlichen Berechnungsparameter wie Zinsfuß und Sterbetafeln sind genau zu benennen.

Auf den nachfolgenden Seiten wird ein Mustergesellschafterbeschluss für eine mögliche Änderung der Pensionszusage vorgestellt.

MUSTER

Protokoll

Niederschrift über die Gesellschafterversammlung der

XXXXXXX GmbH

In den Geschäftsräumen der Gesellschaft in Musterstadt, am ……2019, um …..
Uhr

erschienen die Gesellschafter

Frau …………………

Herr …………………

Die heutige Gesellschafterversammlung ist unter Verzicht auf alle Form- und
Fristvorschriften, vor allem hinsichtlich der Einberufung einer Gesellschafterversammlung, einberufen worden.

Tagesordnung: Fassen von Gesellschafterbeschlüssen zur Änderung der
Versorgungszusagen von Frau ………… und Herrn ……………

Das Stammkapital der Gesellschaft in Höhe von € ……….. ist vollständig
vertreten. Die Versammlung ist beschlussfähig.

Die Gesellschafterversammlung beschließt im Wege der mündlichen
Abstimmung wie folgt:

In Ergänzung der Versorgungszusagen vom……….. wird Folgendes für beide
Zusagen vereinbart:

1. Die Bestimmung über den vorzeitigen Bezug der Altersrente wird neu gefasst:

„Beziehen Sie vor Vollendung des 65. jedoch nach Vollendung des 60. Lebensjahres Altersruhegeld aus dieser Zusage, so ermäßigt sich in diesem Fall das Altersruhegeld um 0,3% für jeden Monat der vorzeitigen Inanspruchnahme. Voraussetzung ist jedoch, dass die Zusage zum Zeitpunkt der vorzeitigen Inanspruchnahme bereits 10 Jahre (Erdienbarkeitsfrist) bestanden hatte. Bei einer späteren Inanspruchnahme des Altersruhegeldes aus dieser Zusage als nach Vollendung des 65. Lebensjahres erhöht sich das Altersruhegeld um 0,3% für jeden Monat der späteren Inanspruchnahme."

2. Die Abfindungsbestimmung bei vorzeitigem Ausscheiden mit unverfallbaren Anwartschaften und der Punkt Kapitalzahlung werden neu eingefügt:

„**Abfindungsmöglichkeit bei vorzeitigem Ausscheiden:** Eine unverfallbare Anwartschaft kann bei vorzeitigem Ausscheiden, in beiderseitigem Einvernehmen, in Höhe des Barwertes der dann bestehenden Anwartschaft (ggf. einschließlich der Anwartschaft auf Hinterbliebenenleistungen) abgefunden werden. Dieser Barwert ermittelt sich nach versicherungsmathematischen Grundsätzen und es werden die für die ertragssteuerliche Bewertung von Versorgungszusagen zum Abfindungszeitpunkt maßgeblichen Rechnungsgrundlagen einschließlich des vorgeschriebenen Rechnungszinses zu Grunde gelegt. In gegenseitigem Einvernehmen kann anstelle einer Barabfindung auch die Rückdeckungsversicherung auf den Versorgungsberechtigten übertragen werden. Ergibt sich eine Überdeckung der Rückdeckungsversicherung im Verhältnis zu Barwert, so ist die Differenz vom Versorgungsberechtigten individuell zu versteuern. Sie unterliegt nicht der sogenannten „Fünftelregelung" im Steuerrecht. Unterschreitet der Gegenwert der Rückdeckungsversicherung den Barwert der Versorgungsverpflichtung, so ist die Differenz in bar auszuzahlen."

„**Kapitalzahlung:** In gegenseitigem Einvernehmen kann der Anspruch auf Alters- und / oder Hinterbliebenenleistung bei Rentenbeginn auch durch eine Kapitalzahlung ganz oder teilweise abgefunden werden. Die Höhe dieser Zahlung ist der Versicherungsmathematische Barwert der ausstehenden Leistungen im Zeitpunkt der Abfindung. Der jeweilige Abfindungsbetrag wird nach versicherungsmathematischen Grundsätzen ermittelt und es werden die für die ertragsteuerliche Bewertung von Versorgungszusagen zum Abfindungszeitpunkt maßgeblichen Rechnungsgrundlagen einschließlich vorgeschriebenen

Rechnungszinses zu Grunde gelegt. In gegenseitigem Einvernehmen kann anstelle einer Barabfindung auch die Rückdeckungsversicherung auf den Versorgungsberechtigten übertragen werden. Ergibt sich eine Überdeckung der Rückdeckungsversicherung im Verhältnis zu Barwert, so ist die Differenz vom Versorgungsberechtigten individuell zu versteuern. Sie unterliegt nicht der sogenannten „Fünftelregelung" im Steuerrecht. Unterschreitet der Gegenwert der Rückdeckungsversicherung den Barwert der Versorgungsverpflichtung, so ist die Differenz in bar auszuzahlen."

3. Entzug und Widerruf von Leistungen

Der 1. Absatz des Punktes 8 der Versorgungszusage vom ………. wird ersatzlos gestrichen.

4. Die Verpfändungserklärungen werden neu erstellt:

Die Verpfändungserklärungen für die Rückdeckungsversicherungen Nr. **3.xxx.xxx.xxx (für Frau ………)** und **3.yyy.yyy.yyy (für Herrn……….)**, abgeschlossen bei der Pfefferminzia Lebensversicherung AG, werden neu erstellt (s. Anlage 1 u. 2 zum heutigen Gesellschafterbeschluss) und von allen vorgesehenen Personen unterzeichnet. Die Verpfändungen der Rückdeckungsversicherung werden der Pfefferminzia Lebensversicherung AG, unverzüglich angezeigt und ein Exemplar der Verpfändungserklärung zur Archivierung übersendet. Weiterhin erhalten die Versorgungsberechtigten und die XXXXXXX GmbH jeweils ein Exemplar der Verpfändungserklärung.

5. Eine salvatorische Klausel wird eingefügt, sie lautet:

„Sollten einzelne Bestimmungen dieses Vertrages unwirksam oder undurchführbar sein oder nach Vertragsschluss unwirksam oder undurchführbar werden, bleibt davon die Wirksamkeit des Vertrages im Übrigen unberührt.

An die Stelle der unwirksamen oder undurchführbaren Bestimmung soll diejenige wirksame und durchführbare Regelung treten, deren Wirkungen der wirtschaftlichen Zielsetzung am nächsten kommen, die die Vertragsparteien mit der unwirksamen bzw. undurchführbaren Bestimmung verfolgt haben. Die vorstehenden Bestimmungen gelten entsprechend für den Fall, dass sich der Vertrag als lückenhaft erweist."

6. Die übrigen Bestimmungen der Versorgungszusage bleiben unverändert bestehen.

Der Beschluss wurde einstimmig gefasst.

Nach Erledigung der Tagesordnung wurde die Gesellschafterversammlung um ..:.. Uhr beendet.

Musterstadt, ...2019   XXXXXXX GmbH

                                           ……………………………
                                           Stempel des Unternehmens

…………………….   …………………….
Frau…………..   Herr……………..

Anlage 1 Verpfändungserklärung Frau……….
Anlage 2 Verpfändungserklärung Herr……….

6. Die Sanierung von Pensionszusagen

6.1. Schließung von Deckungslücken

Durch mittlerweile jahrzehntelange Niedrigverzinsung bedingt, liegt bei den meisten Pensionszusagen eine nicht zu unterschätzende Deckungslücke vor. Die Kapitalanlagen haben lange nicht den vorher prognostizierten Wert erreicht. Die einfachste Lösung ist es durch zusätzliche, bedarfsgerechte Kapitalanlage die Deckungslücken zu schließen. Aber nicht alle betroffenen Unternehmen sind finanziell in der Lage so einen ergänzenden Aufwand zu stemmen, darum muss man auch Alternativen ins Auge fassen.

6.2. Sanierung durch Saldierung

Ein nicht zu unterschätzender Aspekt im Rahmen einer Sanierung ist die Überprüfung, ob eine bilanzielle Überschuldung nur durch die Nichtsaldierung von Pensionsrückstellungen und gebundenem Planvermögen entstand.

Auch nach den Änderungen der handelsrechtlichen Rechnungslegung durch das BilMoG bleibt es bei dem in § 246 Abs. 2 Satz 1 HGB fixierten Grundsatz des Saldierungsverbots von Bilanzposten der Aktivseite und der Passivseite. § 246 Abs. 2 Satz 2 HGB schafft jedoch eine Ausnahme von diesem Grundsatz. Danach sind Vermögensgegenstände, die dem Zugriff sämtlicher Gläubiger entzogen sind und ausschließlich der Erfüllung von Schulden aus Altersversorgungsverpflichtungen bzw. vergleichbaren langfristig fälligen Verpflichtungen dienen, mit den korrespondierenden Schulden zu verrechnen. Pensionsrückstellungen stellen dabei den Hauptanwendungsfall dieses Saldierungsgebots dar.

Dem „Zugriff sämtlicher Gläubiger entzogen" bedeutet, dass im Insolvenzfall die Gläubiger des Bilanzierenden keinen Zugriff haben. Dies ist z.B. der Fall, wenn dem Versorgungsberechtigten im Insolvenzfall ein Aussonderungsrecht nach § 47 InsO zusteht. Gleiches gilt bei einem wirtschaftlich vergleichbaren Schutz, wie z.B. bei Treuhandmodellen. Außerdem müssen die Vermögensgegenstände im Verhältnis zu Dritten unbelastet sein. Die Vermögensgegenstände müssen jederzeit zur Verwertung zum Zwecke der Erfüllung von Altersversorgungsverpflichtungen zur Verfügung stehen. Dies ist z.B. bei betriebsnotwendigem Vermögen nicht der Fall. Weiter fordert § 246 Abs. 2 Satz 2 HGB die Zweckexklusivität des Deckungsvermögens. Dies bedeutet, dass sowohl die laufenden Erträge, wie auch die Erträge aus der Realisierung stiller Reserven der Erfüllung der Verpflichtungen dienen müssen.

Als Beispiel für zu saldierende Vermögensgegenstände sind bei Erfüllung der übrigen Voraussetzungen für die Saldierung Ansprüche aus Rückdeckungsversicherungen zu nennen. In der Praxis werden Rückdeckungsversicherungen oftmals zur Deckung einzelner hoher Versorgungszusagen (z.B. gegenüber Geschäftsführern von Kapitalgesellschaften) eingesetzt. Vor der Reform der handelsrechtlichen Rechnungslegung durch das BilMoG galt für Pensionsrückstellungen und die zugehörigen Rückdeckungsversicherungen ein striktes Saldierungsverbot. Mit der Neuregelung der Zeitwertbilanzierung der zu saldierenden Vermögensgegenstände wurde auch die in der Literatur umstrittene Frage geregelt, wie der Aktivposten für die Ansprüche aus Rückdeckungsversicherungen zu bewerten ist.

Im Zusammenhang mit der Regelung des Saldierungsgebots in § 246 Abs. 2 Satz 2 HGB wurde in § 253 Abs. 1 Satz 4 HGB die Zeitwertbilanzierung der zu verrechnenden Vermögensgegenstände eingeführt. Übersteigt der Zeitwert den Betrag der zugehörigen Schulden, ist der übersteigende Betrag auf der Aktivseite der Bilanz unter dem Posten E. „Aktiver Unterschiedsbetrag aus der Vermögensverrechnung" auszuweisen. Für diesen Bilanzposten gilt die Ausschüttungssperre nach § 268 Abs. 8 HGB. Es ist also zu prüfen, ob die Rückdeckungsversicherungen an den Versorgungsberechtigten rechtsgültig verpfändet wurden.

Es kann nun, wenn eine Saldierung der Pensionsrückstellungen mit dem gebundenen, dem Zugriff der Gläubiger entzogenem, Planvermögen nicht erfolgt ist, durch eine Saldierung sich ein ganz anderes Bild zur Überschuldungsbewertung ergeben. Dieses sollte vor einer Entscheidung über den Verzicht auf den Futur- Service erfolgen. Der Verzicht auf den Future-Service hat i.d.R. zwei Auswirkungen. Zum einen werden Pensionsrückstellungen aufgelöst werden müssen, was zu Gewinnerhöhungen führen kann. Zum anderen verzichtet der Gesellschafter-Geschäftsführer auf einen erheblichen Teil seiner Altersversorgung, die auf Grund der fehlenden Erdienungszeit nicht mehr durch eine betriebliche Altersversorgung wiederbeschafft werden kann.

6.3. Past- und Future-Service

Die Begriffe Past- und Future-Service treten im Zusammenhang mit der betrieblichen Altersversorgung auf, die als Leistungszusage oder beitragsorientierte Leistungszusage erteilt werden kann. Bei einer Leistungszusage wird dem Berechtigten eine Leistung (z. B. als Festbetrag oder in Abhängigkeit vom Gehalt) zugesagt. Bei einer beitragsorientierten Leistungszusage setzt der Arbeitgeber hingegen den Versorgungsaufwand für jeden Berechtigten fest.

6.3.1. Was ist der Past-Service?

Als Past-Service werden die bis zu einem Stichtag erdienten Versorgungsansprüche bezeichnet. Bei einer Leistungszusage bestimmt sich die Höhe der erdienten Versorgungsansprüche nach der Unternehmenszugehörigkeit. Die fest zugesagten Leistungen werden demnach ins Verhältnis zwischen der bis zum Stichtag abgeleisteten und der zum Renten-beginn möglichen Dienstzeit gesetzt.

Bei einer Beitragsorientierten Leistungszusage entsprechen die erdienten Versorgungsansprüche den Ansprüchen, die sich aus den bis zum Stichtag erbrachten Versorgungsaufwänden ergeben. Eingriffe in den Past-Service sind nahezu unmöglich, da für diesen Teil der Zusage der Versorgungsberechtigte die Gegenleistung in Form seiner Arbeitsleistung bereits erbracht hat. Für bestimmte Personengruppen (z. B. Gesellschafter-Geschäftsführer) sind bei der Bestimmung des Past-Service aus steuerlicher Sicht einige Besonderheiten zu beachten.

6.3.2 Was ist der Future-Service?

Als Future-Service werden die zukünftig noch zu erdienenden Versorgungsansprüche bezeichnet. Im Gegensatz zum Past-Service sind Eingriffe in diesen Teil der Zusage, bis hin zu einem vollständigen Verzicht, möglich. Eingriffe in den Future-Service dürfen aber nicht willkürlich erfolgen und müssen sachlich begründet werden.

6.3.4 Wann wird zwischen Past- und Future-Service unterschieden?

Aufgrund unterschiedlicher steuerlicher Behandlung müssen bei einer Auslagerung von Direktzusagen und Unterstützungskassenzusagen auf Pensionsfonds Past und Future Service bestimmt werden. Eine andere typische Situation sind Eingriffe in Zusagen an Gesellschafter-Geschäftsführer. Ein Verzicht auf

Versorgungsansprüche führt bei der Firma und dem Gesellschafter-Geschäfts-führer nur dann zu keinen steuerlichen Nachteilen, wenn der Verzicht auf den Future-Service beschränkt ist.

7. Kernproblem

Der Verzicht des Gesellschafter-Geschäftsführers einer GmbH auf eine ihm erteilte Pensionszusage stellt ein in der Praxis häufig gewähltes Sanierungsinstrument für notleidende Kapitalgesellschaften dar. Aus steuerlicher Sicht ist diese Maßnahme jedoch regelmäßig mit Nachteilen verbunden, liegt doch in Höhe des werthaltigen Teils des Pensionsanspruchs eine verdeckte Einlage vor. Die verdeckte Einlage führt in gleicher Höhe zu einem steuerpflichtigen Zufluss von Einnahmen beim Gesellschafter-Geschäftsführer. Unklar war bislang, ob zur Ermittlung des werthaltigen Teils eine Unterscheidung zwischen den bereits erdienten Anwartschaften (Past-Service) und den künftig noch zu erdienenden Pensionsanwartschaften (Future-Service) zu erfolgen hat. Diese Frage wurde in der Vergangenheit von den einzelnen Oberfinanzdirektionsbezirken zum Teil unterschiedlich behandelt. Nunmehr hat das Bundesfinanzministerium (BMF) eine einheitliche Regelung geschaffen.

Im Schreiben vom 24.8.2012 folgt das BMF der schon in einigen Oberfinanz-direktions-bezirken praktizierten Unterscheidung zwischen dem Past-Service und dem Future-Service. Eine verdeckte Einlage liegt demnach insoweit vor, als der Barwert der bis zu dem Verzichtszeitpunkt bereits erdienten Versorgungs-leistungen den Barwert der nach dem Teilverzicht noch verbleibenden Versor-gungsansprüche übersteigt. Unerheblich ist dabei, ob sich die Verzichtsverein-barung der Bezeichnung nach nur auf den Future Service bezieht oder ob es sich dabei um eine durch das Gesellschaftsverhältnis veranlasste Änderung einer Pensionszusage handelt, die mit einer Reduzierung der bisher zugesagten Versorgungsleistung einhergeht.

8. Vereinfachungsregelung

Aus Vereinfachungsgründen erlaubt es das BMF, den Barwert der bereits er-dienten Versorgungsleistungen zeitanteilig (Verhältnis der bis zum Verzicht tatsächlich geleisteten Dienstjahre zu den maximal möglichen Dienstjahren) zu ermitteln. Für den Fall, dass der danach bereits erdiente Wert den nach der Herabsetzung verbleibenden Versorgungsleistungen entspricht, beträgt der Wert der verdeckten Einlage Null. Infolgedessen würden die aus einer ver-deckten Einlage resultierenden Folgen beim Gesellschafter-Geschäftsführer (Lohnzufluss und Erhöhung der Anschaffungskosten auf seine Beteiligung) nicht zum Tragen kommen.

9. Konsequenz

Die Einführung einer bundeseinheitlichen Regelung zur Behandlung des Pensionsverzichts ist zu begrüßen. Der der Finanzverwaltung nunmehr noch zustehende Interpretationsspielraum ist hiermit erheblich eingeschränkt, so dass für die steuergestalterische Praxis ein deutlich höheres Maß an Rechtssicherheit herrscht. (BMF, Schreiben v. 24.8.2012, IV C 2 – S 2743/10/10001, DStR 2012, S. 1706. Bezug: § 8 Abs. 3 Satz 3 KStG; § 6a EStG.)

10. Verzicht des Gesellschafter-Geschäftsführers auf seine Pensionsanwartschaft

10.1. Verzicht auf die Pensionszusage

Zunächst liegt ein einfacher Verzicht des Gesellschafter-Geschäftsführers auf die Pensionszusage nahe. Doch dies kann zu gravierenden steuerlichen Konsequenzen führen.

Im ersten Schritt ist danach zu fragen, ob der Verzicht betrieblich oder gesellschaftsrechtlich veranlasst war. In der Praxis der Finanzverwaltung ist die betriebliche Veranlassung die Ausnahme. Eine betriebliche Veranlassung liegt nur vor bei drohender Überschuldung im insolvenzrechtlichen Sinne, bei weiteren Sanierungsmaßnahmen und wenn auch ein Fremdgeschäftsführer auf die Pensionszusage verzichtet hätte. In diesem Falle kommt es „lediglich" zu einem Ertrag auf Ebene der GmbH durch die Auflösung der Rückstellung. Auf Ebene des Gesellschafters hat dies keine Auswirkung. Liegt andererseits eine gesellschaftsrechtliche Veranlassung des Verzichts vor, ist im nächsten Schritt danach zu fragen, in welcher Höhe die Pensionszusage noch werthaltig war, d.h. in welcher Höhe konnte der Gesellschafter-Geschäftsführer in Zukunft mit Pensionszahlungen rechnen. In Höhe des werthaltigen Teils liegt dann eine sog. verdeckte Einlage vor. Im Ergebnis bedeutet dies, dass die Rückstellung in der Bilanz der GmbH ertragswirksam aufgelöst, aber außerhalb der Bilanz in Höhe des werthaltigen Teils wieder hinzugerechnet wird. Auf Ebene der GmbH ist die Auswirkung auf den Gewinn daher im Ergebnis nur gering.

Die Folgen für den Gesellschafter sind allerdings dramatischer. Denn nach Ansicht der Rechtsprechung und der Finanzverwaltung fließt mit dem Pensionsverzicht dem Gesellschafter-Geschäftsführer Lohn in Höhe des werthaltigen Teils der Pensionszusage zu. Der Gesellschafter-Geschäftsführer muss also auf seiner Ebene den Pensionsverzicht mit seinem persönlichen Steuersatz versteuern, obwohl ihm tatsächlich keinerlei Geld zufließt. Zwar wird ihm auf die Besteuerung eine Privilegierung gewährt. Allerdings ist die Auswirkung der Privilegierung geringer je höher der persönliche Steuersatz ist. Gleichzeitig hat er in Höhe des werthaltigen Teils der Pensionszusage zusätzliche Anschaffungskosten auf seinen GmbH-Anteil. Allerdings wirkt sich die Erhöhung der Anschaffungskosten auf Grund des Teileinkünfteverfahrens nur zu 60 % steuerlich aus.

Entsprechend der BFH-Rechtsprechung geht das BMF davon aus, dass jeder gesellschaftsrechtlich veranlasste Verzicht auf eine werthaltige Pensionsanwartschaft zu einer verdeckten Einlage und entsprechender Lohnsteuer beim verzichtenden GGF führt. Die verdeckte Einlage und damit der lohnsteuerliche Zufluss ist mit den Wiederbeschaffungskosten zu bewerten, die der GGF für eine gleich hohe Versorgung bei einem vergleichbaren Schuldner aufwenden müsste.

Wie in der überwiegenden Literatur- und Praxismeinung seit langem vertreten, gelangt auch das BMF zu dem Ergebnis, dass im Fall des vollständigen Verzichts auf die Pensionszusage eine verdeckte Einlage nur insoweit vorliegt, wie auf bereits erdiente Teile der Pensionsanwartschaft verzichtet wird.

10.1.1. Teilverzicht

Verzichtet der Gesellschafter-Geschäftsführer dagegen nur auf einen Teil der Pensionszusage, ist gemäß dem BMF-Schreiben ein Barwertvergleich durchzuführen. Eine verdeckte Einlage liegt nur dann nicht vor, wenn der Barwert der reduzierten Pensionszusage nicht geringer ist, als der Barwert der zum Zeitpunkt des Verzichts erdienten Pensionsanwartschaft. Als erdient erkennt das BMF bei einer Leistungszusage den zeitanteilig ermittelten Teilanspruch an. Beim beherrschenden Gesellschafter-Geschäftsführer ist hierbei die Zeit ab Zusagedatum bis zum Verzichtszeitpunkt, beim nicht beherrschenden Gesellschafter-Geschäftsführer die Zeit ab Diensteintritt bis zum Verzichtszeitpunkt ins Verhältnis zu setzen zur möglichen Dienstzeit ab dem jeweiligen Zeitpunkt bis zum vereinbarten Pensionsalter. Bei der Berechnung der Barwerte sind die anerkannten Regeln der Versicherungsmathematik anzuwenden, die der steuerlichen Bewertung der Pensionsverpflichtung am vorangegangenen Bilanzstichtag zugrunde lagen.

Sofern es für die Beteiligten wirtschaftlich sinnvoll ist und den Zielen entspricht, kann ein Teilverzicht erklärt werden. Hierbei verzichtet der Gesellschafter-Geschäftsführer nicht auf die gesamte Pensionszusage, sondern nur auf den Teil, welchen er sich in Zukunft noch erdienen muss, den Future-Service. Damit wird ein Teil der Pensionsrückstellung aufgelöst und es kommt zu einem Ertrag auf Ebene der GmbH. Im Übrigen kommt es aber grundsätzlich zu keinen weiteren negativen steuerlichen Folgen, soweit der Verzicht kleiner ist als der bisher erdiente Anteil.

10.1.2. Arbeitslohn durch Verzicht auf Pensionsansprüche (BFH-Urteil v. 23.08.2017)

In dem Urteil vom 23.08.2017 hat der VI. Senat des BFH seine bisherige Rechtsprechung zu den steuerlichen Konsequenzen eines Verzichts auf eine Pensionszusage bestätigt. Im Urteilsfall hatte der Gesellschafter-Geschäftsführer eine Pensionszusage erhalten, die sich an seinen Aktivbezügen orientierte.

Da diese Bezüge zum Ende seines Erwerbslebens herabgesetzt wurden, verringerte der Gesellschafter-Geschäftsführer zur Vermeidung einer Überversorgung zugleich seine Pensionsansprüche (BFH v. 23.08.2017, VI R 4/16).

Der BFH hat entschieden, dass der Verzicht eines Gesellschafter-Geschäftsführers auf bereits erdiente und werthaltige Pensionsansprüche zu steuerpflichtigem Arbeitslohn auf Ebene des Gesellschafters führt.
Im Urteilsfall beurteilte der BFH den Verzicht als durch das Gesellschaftsverhältnis veranlasst. Somit kommen die Grundsätze zur verdeckten Einlage zur Anwendung. Auf Gesellschaftsebene bedeutet dies, dass der Verzicht auf bereits erdiente Teile einer Pensionsanwartschaft (Past-Service) steuerneutral zu behandeln ist, wenn der Anspruch in voller Höhe werthaltig ist. Die Bewertung erfolgt jedoch mit dem Teilwert der entsprechenden Pensionsanwartschaft und nicht in Höhe des für die steuerliche Rückstellung maßgebenden Werts gem. § 6a EStG.

Auf Gesellschafterebene führt der Verzicht auf den werthaltigen Pensionsanspruch zu einer Erhöhung der Anschaffungskosten für die Gesellschaftsanteile und gleichzeitig zu steuerpflichtigem Arbeitslohn.

In dem Urteil hat der BFH auch eine Aussage über einen eventuellen Verzicht für zukünftig zu erdienende Pensionsanwartschaften (Future-Service) getroffen. Hier verneint der BFH einen Lohnzufluss beim Gesellschafter-Geschäftsführer.

Insgesamt sollen die steuerlichen Konsequenzen eines möglichen Verzichts auf einen Pensionsanspruch im Vorfeld untersucht werden, um negative Überraschungen zu vermeiden. In die Untersuchung sind darüber hinaus auch noch schenkungsteuerliche Aspekte gem. § 7 Abs. 8 ErbStG einzubeziehen, wenn der verzichtende Gesellschafter-Geschäftsführer nicht der alleinige Gesellschafter war und somit der Verzicht eine disquotale Einlage auslösen könnte.

11. Zahlenbeispiel

Nachstehend wird anhand von einem Zahlenbeispiel erläutert, wie sich eine Rückdeckung mit Lebens- bzw. Rentenversicherungen sich zu einer Pensionszusage auswirkt und welche Möglichkeiten sich ergeben die Deckungslücken ggf. zu kompensieren.

11.1. Rückdeckungsversicherungen der Zusage

Es erfolgt eine Gegenüberstellung der Barwerte nach den Richttafeln 2018 G, Heubeck, Zins 6% und den Barwerten nach den Sterbetafeln DAV2004R zur Ermittlung der Deckungslücken bei Verrentung der voraussichtlichen Ablaufleistung im Verhältnis zur zugesagten Altersrente. Heubeck hat seine Tafeln nach 13 Jahren aktualisiert. Für die Handelsbilanz sind jetzt die neuen Werte sofort verbindlich, während für die Steuerbilanz der Mehraufwand auf drei Jahre gleichmäßig zu verteilen ist.

11.1.1. Daten der bestehenden Pensionszusage

Die **XXXXXXX GmbH** hat die folgende Pensionszusage erteilt:
Datum der Zusageerteilung: **01.11.2003**
Pensionsalter: **65** Jahre
Altersrente **2.250 EUR**
Invaliditätsrente: **2.000 EUR**
Hinterbliebenenrente: **20%**
Alle nachfolgenden Renten sind Monatsrenten, die **12** - mal pro Jahr gezahlt werden.

11.1.2. Dynamische Entwicklung der bestehenden Pensionszusage

Für die Pensionszusage wurde keine dynamische Anpassung der Rentenzusage vereinbart.

Im arbeitsrechtlichen Sinne ist der Versorgungsberechtigte ein beherrschender Gesellschafter-Geschäftsführer und er hat keinen automatischen Anspruch auf eine laufende Anpassung der Versorgungsleistungen gemäß § 16 BetrAVG. Eine solche laufende Anpassung der Rentenzahlungen wurde vom Gesellschafter-Geschäftsführer gewünscht und diese wurde ausdrücklich vertraglich festgelegt.

11.1.3. Beschreibung der bestehenden Rückdeckungsversicherungen

Für die Pensionszusage hat das Unternehmen zwei noch aktive Rückdeckungs-versicherungen bei der Pfefferminzia-Versicherung abgeschlossen.

11.1.3.1 Versicherung

Versicherungsgesellschaft: **Pfefferminzia-Versicherung**
Versicherungsscheinnummer: **3.xxx.xxx.xxx**
Ablauf für die Versicherung: **01.04.2036**
Versicherungsleistung: **EUR 225.005,00***
Todesfallleistung: **EUR 77.289,05***
Zusätzliche Absicherung bei Berufsunfähigkeit:
BU-Rente**: EUR 1.676,92***

Die Rückdeckungsversicherung ist eine Kapitallebensversicherung. Sie wird lfd. bedient und ist nicht dynamisch.

11.1.3.2.Versicherung

Versicherungsgesellschaft: **Pfefferminzia-Versicherung**
Versicherungsscheinnummer: **3.xxx.xxx.xxy**
Ablauf für die Versicherung: **01.06.2036 Verlängerungsoption 01.06.2038**
Versicherungsleistung: **EUR 77.936,50* Kapital bzw. EUR 312,59* mtl. Rente**
Todesfallleistung: **EUR 3.056,08***

Die Rückdeckungsversicherung ist eine Rentenversicherung mit flexibler Beitragszahlung und wird lfd. bedient.

*= unverbindliche Hochrechnung des Versicherungsunternehmens Pfefferminzia Stand 01/2019

Nachstehende Zahlen ergeben sich aus der stichtagsbezogenen Berechnung der Barwerte und der Verzinsung durch die Lebensversicherungsunternehmen. Zinssätze des Versicherungsunternehmens sind nicht garantiert und werden jährlich neu festgesetzt. Veränderungen können sich ebenfalls durch Ver-änderungen der biometrischen Risiken (Veränderung der durchschnittlichen Lebenserwartung) in der Zukunft ergeben. Die angegebenen Zahlen stellen einen stichtagsbezogenen Anhalt dar. Sie dürfen insbesondere nicht als Bilanz-nachweis genutzt werden. Hierfür sind versicherungsmathematische Gutachten und Aktivwertbescheinigungen erforderlich.

11.2. Bei der bestehenden Rückdeckungsversicherung ist man zu folgender Bewertung gelangt*

1. Altersrente
Barwert des Altersrentenanspruches nach Heubeck zum 65. Lj: **EUR 334.154**
Voraussichtliche Ablaufleistung zum 65. Lj. Stand heute: **EUR 302.942**
Momentane Absicherung gegenüber dem ursprünglichen Ziel zu Heubeck zum 65. Lj: **90,66%.** Die noch zu schließende Lücke beträgt: **EUR 31.212**

1a. Hinterbliebenenrente wurde mit 20% zugesagt
Hier wird der Stand der Rückdeckung zum heutigen Datum berechnet.
Barwert der Witwenrente nach Heubeck: **EUR 82.904**
zu erwartende Versicherungsleistungen im Todesfall: **EUR 80.345**
Momentane Absicherung gegenüber dem ursprünglichen Ziel zu Heubeck zum 65. Lj: **96,91 %.** Die noch zu schließende Lücke beträgt: **EUR 2.559**

1b. Invaliditätsrente
Die zugesagte Invaliditätsrente beträgt: **EUR 2.000**
Die abgesicherte Invaliditätsrente beträgt: **EUR 1.677**
Die Deckung beträgt EUR **83,85%**
Die zu schließende Lücke beträgt: **EUR 323**

Volle Absicherung durch Versicherungswerte
Viele GGF unterstellen bei der hier vorgestellten Lösung mit den Heubeck-Barwerten und aufgrund der Tatsache, dass die Rückdeckung von einer Versicherungsgesellschaft angeboten wurde, dass sich aus den oben genannten Beträgen die zugesagten Renten auch durch den Abschluss einer Rentenversicherung auslagern lassen. Dem ist bei weitem nicht so, da die steuerlich anerkannten Werte äußerst knapp kalkuliert sind, einen unrealistisch hohen Zins enthalten und ohne die Kosten einer Versicherungsgesellschaft kalkuliert wurden. Für die Ihnen zugesagten Versorgungsleistungen ist der Grad der Ausfinanzierung nach den Heubeck-Barwerten für eine volle Rückdeckung durch eine Versicherung ausgewiesen. Um die lebenslange Verrentung sicherzustellen, ist bei einem Versicherungsunternehmen zum Pensionszeitpunkt eine sofortbeginnende Rente von Nöten. Im Folgenden finden Sie die Werte, die hochgerechnet heute notwendig wären um eine lebenslange Rente, unter Einbeziehung von Überschüssen, zu erzielen. Weiter untenstehend finden Sie die Leistungen die benötigt werden um Ihre Zusage auf einen externen Versorgungsträger auszulagern. Hierzu sind garantierte Werte notwendig, da bei Zinssatzsenkungen i.d.R. keine Nachschüsse mehr geleistet

werden und sich ein externer Versorgungsträger sich dann nur unter den Voraussetzungen einer zu erfolgenden Leistungsanpassung dazu bereiterklären würde.

2. Altersrente

Soll die erteilte Pensionszusage nach heute gültigen Werten durch den Abschluss einer lebenslangen Rentenversicherung rückgedeckt werden, so wird dafür der folgende einmalige Kapitalbetrag fällig: **EUR 586.536**
Zu erwartende Versicherungsleistungen: **EUR 302.942**
Damit wäre die zugesagte Rente in folgendem Umfang rückgedeckt: **51,65%**
Die noch zu schließende Lücke beträgt: **EUR 283.594**

2a. Hinterbliebenenrente wurde mit 20% zugesagt

Hier wird der Stand der Rückdeckung zum heutigen Datum berechnet.
Barwert der Witwenrente nach dem Versichererbarwert: **EUR 169.867**
zu erwartende Versicherungsleistungen im Todesfall: **EUR 80.345**
Damit wäre die zugesagte Rente in folgendem Umfang rückgedeckt:
47,30 %
Die noch zu schließende Lücke beträgt: **EUR 89.522**

2b. Invaliditätsrente

Die zugesagte Invaliditätsrente beträgt: **EUR 2.000**
Die abgesicherte Invaliditätsrente beträgt: **EUR 1.677**
Die Deckung beträgt **83,85%**
Die zu schließende Lücke beträgt: **EUR 323**

3. Altersrente

Soll die erteilte Pensionszusage nach heute gültigen Werten auf einen externen Versorgungsträger ausgelagert werden (gilt auch bei Liquidation Ihres Unternehmens), so wird dafür der folgende einmalige Kapitalbetrag fällig:
EUR 778.161
Zu erwartende Versicherungsleistungen: **EUR 302.942**
Damit wäre die zugesagte Rente in folgendem Umfang rückgedeckt: **38,93%**
Die noch zu schließende Lücke beträgt: **EUR 475.216**

3a. Hinterbliebenenrente wurde mit 20% zugesagt

Hier wird der Stand der Rückdeckung zum heutigen Datum berechnet.
Barwert der Witwenrente nach dem Versicherbarwert: **EUR 248.309**

zu erwartende Versicherungsleistungen im Todesfall: **EUR 80.345**
Damit wäre die zugesagte Rente in folgendem Umfang rückgedeckt: **32,36%**
Die noch zu schließende Lücke beträgt: **EUR 167.964**

3b. Invaliditätsrente
Die zugesagte Invaliditätsrente beträgt: **EUR 2.000**
Die abgesicherte Invaliditätsrente beträgt: **EUR 1.677**
Die Deckung beträgt EUR **83,85%**
Die zu schließende Lücke beträgt: **EUR 323**

*=Bei den Berechnungen liegt stets die Annahme zu Grunde, dass die Versicherungen bis zum Ende der Laufzeit bespart werden und sich weder Zinssatz noch Sterbetafeln ändern. Für die Todesfallleistung wurde der Stichtag 01.02.2019 berechnet.

Bei einem Verzicht auf den Future-Service werden Teile der Versorgungszusage wieder finanzierbar. Auch hier liegt stets die Annahme zu Grunde, dass die Versicherungen bis zum Ende der Laufzeit bespart werden und sich weder Zinssatz noch Sterbetafeln ändern. Für die Todesfallleistung wurde der Stichtag 01.01.2019 berechnet.

Zum Verzichtszeitpunkt 31.12.2019 stellt sich die Versorgung wie folgt dar:
Altersrente: EUR 1.119,15
Invaliditätsrente: EUR 944,80
Hinterbliebenenrente: EUR 223,83

4. Altersrente
Barwert des Altersrentenanspruches nach Heubeck zum 65. Lj: **EUR 166.208**
Voraussichtliche Ablaufleistung zum 65. Lj. Stand heute: **EUR 302.942**
Momentane Absicherung gegenüber dem ursprünglichen Ziel zu Heubeck zum 65. Lj: **182,27 %.** Die noch zu schließende Lücke beträgt: **EUR 0**

4a. Hinterbliebenenrente wurde mit 20% zugesagt
Hier wird der Stand der Rückdeckung zum heutigen Datum berechnet.
Barwert der Witwenrente nach Heubeck: **EUR 41.237**
zu erwartende Versicherungsleistungen im Todesfall: **EUR 80.345**
Momentane Absicherung gegenüber dem ursprünglichen Ziel zu Heubeck zum 65. Lj: **194,84 %.** Die noch zu schließende Lücke beträgt: **EUR 0**

4b. Invaliditätsrente
Die reduzierte Invaliditätsrente beträgt: **EUR 994,80**
Die abgesicherte Invaliditätsrente beträgt: **EUR 1.677**
Die Deckung beträgt **168,58%**
Die zu schließende Lücke beträgt: **EUR 0**

5. Altersrente
Soll die erteilte Pensionszusage nach heute gültigen Werten durch den
Abschluss einer lebenslangen Rentenversicherung rückgedeckt werden, so wird
dafür der folgende einmalige Kapitalbetrag fällig: **EUR 291.722**
Zu erwartende Versicherungsleistungen: **EUR 302.942**
Damit wäre die zugesagte Rente in folgendem Umfang rückgedeckt: **103,85%**
Die noch zu schließende Lücke beträgt: **EUR 0**

5a. Hinterbliebenenrente wurde mit 20% zugesagt
Hier wird der Stand der Rückdeckung zum heutigen Datum berechnet.
Barwert der Witwenrente nach dem Versichererbarwert: **EUR 84.359**
zu erwartende Versicherungsleistungen im Todesfall: **EUR 80.345**
Damit wäre die zugesagte Rente in folgendem Umfang rückgedeckt: **95,24%**
Die noch zu schließende Lücke beträgt: **EUR 4.014**

5b. Invaliditätsrente
Die reduzierte Invaliditätsrente beträgt: **EUR 994,80**
Die abgesicherte Invaliditätsrente beträgt: **EUR 1.677**
Die Deckung beträgt **168,58%**
Die zu schließende Lücke beträgt: **EUR 0**

6. Altersrente
Soll die erteilte Pensionszusage nach heute gültigen Werten auf einen externen
Versorgungsträger ausgelagert werden (gilt auch bei Liquidation Ihres
Unternehmens), so wird dafür der folgende einmalige Kapitalbetrag fällig: **EUR
387.066**
Zu erwartende Versicherungsleistungen: **EUR 302.942**
Damit wäre die zugesagte Rente in folgendem Umfang rückgedeckt: **78,27%**
Die noch zu schließende Lücke beträgt: **EUR 84.125**

6a. Hinterbliebenenrente wurde mit 20% zugesagt

Hier wird der Stand der Rückdeckung zum heutigen Datum berechnet.
Barwert der Witwenrente nach dem Versicherbarwert: **EUR 123.518**
zu erwartende Versicherungsleistungen im Todesfall: **EUR 80.345**
Damit wäre die zugesagte Rente in folgendem Umfang rückgedeckt: **65,05%**
Die noch zu schließende Lücke beträgt: **EUR 43.173**

6b. Invaliditätsrente

Die reduzierte Invaliditätsrente beträgt: **EUR 994,80**
Die abgesicherte Invaliditätsrente beträgt: **EUR 1.677**
Die Deckung beträgt **168,58%**
Die zu schließende Lücke beträgt: **EUR 0**

Es erfolgt die graphische Auswertung der vorausgegangen Daten.
(Altersrente und Hinterbliebenenrente im Vergleich ohne und mit Verzicht auf
den Future-Service; Barwerte vs. vorh. Kapital)

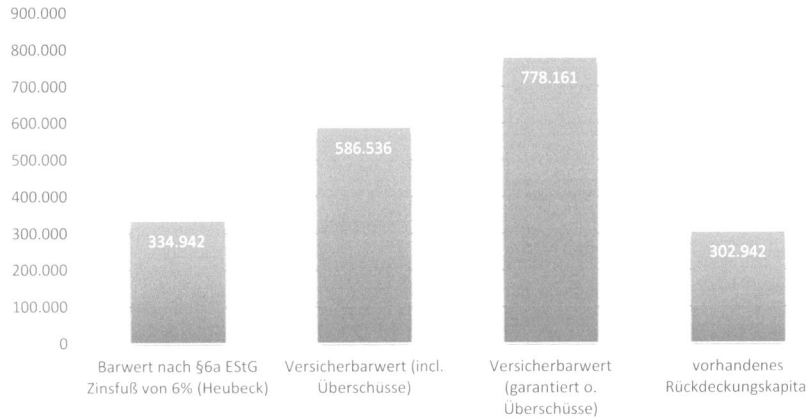

Altersrente: Barwerte und vorhandenes Kapital

Quelle: eigene Berechnungen

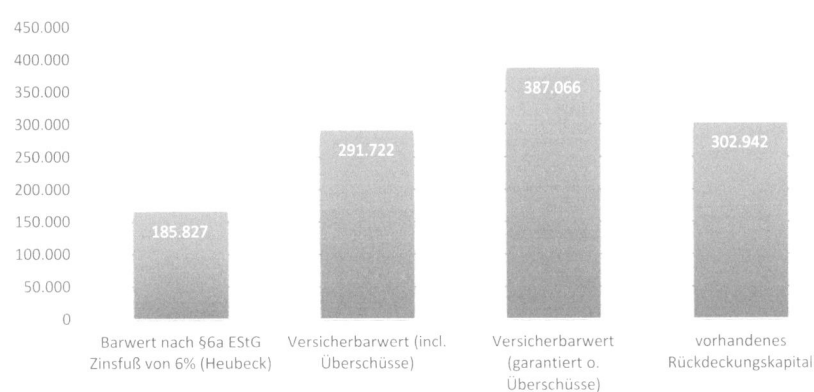

Altersrente: Barwerte und vorhandenes Kapital nach dem Verzicht auf den Future-Service

Quelle: eigene Berechnungen

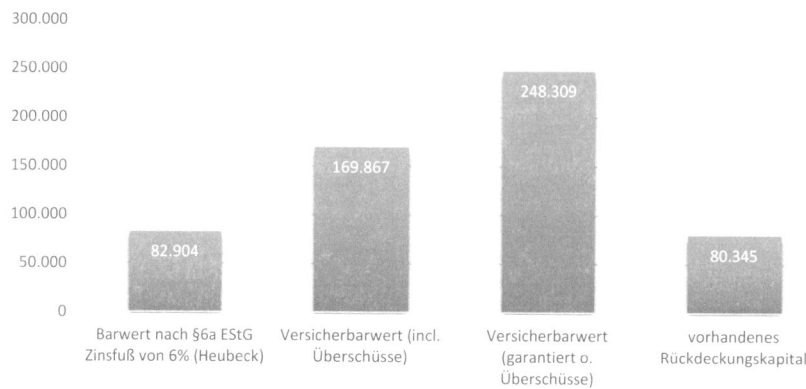

Hinterbliebenenrente: Barwerte und vorhandenes Kapital

Quelle: eigene Berechnungen

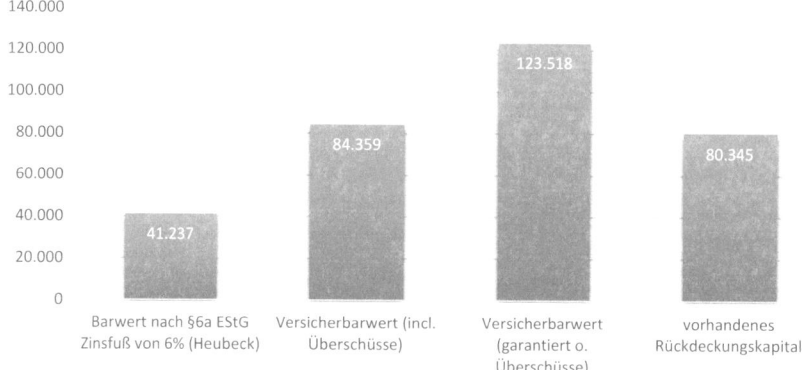

Hinterbliebenenrente: Barwerte und vorhandenes Kapital nach dem Verzicht auf den Future-Service

Quelle: eigene Berechnungen

Der Versichererbarwert entspricht dem Einmalbeitrag an einen Lebensversicherer mit guter Bonität, um die vereinbarte Rente ratierlich auszuzahlen. Es werden zwei Versichererbarwerte unterschieden. Einmal wird der Betrag angegeben, der eine Gesamtrente incl. Überschüsse darstellt. Dieser Wert wird i.d.R. als Anhalt genommen, wenn die Pensionszusage im zusagenden Unternehmen bei Renteneintritt verbleibt. Und das andere Mal wird der Garantiewert abgebildet, der benötigt wird um die Pensionszusage auf einen externen Versicherer auszulagern. In der Regel wird dieser Wert benötigt, da auch in der Rentenphase der Zinssatz schwanken kann und dann kein Kapital nachgeschossen werden muss. Besteht das Unternehmen nach Auslagerung weiter, so könnte evtl. Kapital nachgeschossen werden. Wird in so einem Fall kein Kapital für die neuentstandene Deckungslücke nachgeführt, so würde der Lebensversicherer seine Leistung absenken und das Unternehmen müsste für die Differenz wieder Rückstellungen bilden müssen und den Fehlbetrag mit eigenen Mitteln ausgleichen. Wurde das Unternehmen aber nach Auslagerung liquidiert (Liquidationsversicherung gem. § 3 Nr. 65 EstG), so kann kein zusätzliches Kapital später in die Auslagerung fließen. Deshalb wird grundsätzlich der Garantiewert in diesem Versichererbarwert abgebildet.

12. Die Auslagerung von Pensionszusagen

Immer mehr Unternehmen gehen dazu über, ihre Pensionsverpflichtungen auszulagern. Die Pensionsverpflichtungen deutscher Unternehmen wurden in den vergangenen Jahren vom internationalen Kapitalmarkt sehr kritisch betrachtet. Von "Zeitbomben in der Bilanz" und "Pensionsballast" war die Rede. Und unabhängig von der meist fehlenden Stichhaltigkeit derartiger Aussagen: Es ist nicht zu übersehen, dass viele Unternehmen in erheblichem Maße Pensionsvermögen an externe Versorgungsträger ausgelagert haben.

Die Auslagerung von Pensionszusagen ist manchmal mehr als eine reine Bilanzkosmetik.
Hier sollen vier verschiedene Arten von Auslagerungen behandelt werden.

  a. Die Auslagerung auf sogenannte CTA-Modelle

  b. Auslagerung des Past- und des Future-Services auf externe Versorgungsträger

  c. Die Liquidationsversicherung

  d. Die Auslagerung auf eine Rentner GmbH

12.1. CTA-Modelle

Die Abkürzung CTA steht für Contractual Trust Arrangement. Unter einem CTA-Modell versteht man eine vom Unternehmen rechtlich getrennte Treuhand-Gesellschaft, in die bestimmte Vermögensgegenstände, die beispielsweise für die Erfüllung von Pensionszusagen bestimmt sind, ausgegliedert werden.

Immer mehr Unternehmen in Deutschland bilanzieren nach internationalen Rechnungslegungsvorschriften. Die in Deutschland traditionell erteilten Pensionszusagen erscheinen hierbei störend, da eine solche Konstruktion in anderen Ländern unbekannt ist.

Ein CTA-Modell bietet Unternehmen die Möglichkeit, Pensionszusagen auszulagern. Die zugesagten Leistungen werden in Form von Rückdeckungsversicherungen vom übrigen Betriebsvermögen getrennt und mit Hilfe eines Gruppen-CTA abgesichert. Treuhandverträge stellen sicher, dass das Vermögen im Falle einer Insolvenz geschützt ist und nicht für andere Zwecke verwendet werden kann. Durch die Treuhandkonstruktion werden die Mittel als zweckgebundenes Versorgungsvermögen (plan assets) anerkannt. Nach internationalen Rechnungslegungsvorschriften werden die plan assets in der Bilanz mit den Pensionsverpflichtungen (pension obligations) verrechnet. Die Bilanz verkürzt sich somit.

Bei einem CTA überträgt ein Unternehmen, das seinen Mitarbeitern Betriebsrentenzusagen erteilt hat, Vermögenswerte auf einen Treuhänder. An diesem Treuhandvermögen werden zu Gunsten der Mitarbeiter Sicherungsrechte für den Fall der Insolvenz des Unternehmens bestellt. Dadurch wird neben einer zusätzlichen Insolvenzsicherung auch eine Saldierung dieser Vermögenswerte mit den für die Betriebsrentenzusagen in der Unternehmensbilanz gebildeten Rückstellungen ermöglicht. Die Eigenkapitalquote des Unternehmens steigt und sein Kreditrating verbessert sich. Dies hat zur Folge, dass das Unternehmen Kredite zu günstigeren Konditionen aufnehmen kann. Voraussetzung einer solchen bilanziellen Saldierung ist aber, dass das CTA insolvenzfest ist. Verfolgt man die Diskussion zu diesem Thema, so hat sich in der Vergangenheit der Eindruck aufgedrängt, dass es zu einer Auslagerung der Pensionsverpflichtungen in ein CTA-Modell für die Unternehmen keine Alternative gäbe. Die damit einhergehende Verkürzung der Bilanz, wird von den Befürwortern dieses Modells ausdrücklich begrüßt. Wegen der Langfristwirkung einer solchen Entscheidung sollte man jedoch genau prüfen, ob dies wirklich und in allen Fällen ein gewünschter Effekt ist, welche Argumente für ein CTA-Modell sprechen und welche dagegen (Heubeck, Chancen und Risiken von CTA-Modellen, Markt und Mittelstand 2008).

Grundsätzlich unterscheidet man zwischen dem unternehmenseigenen CTA (auch Einzel-CTA genannt) und dem überbetrieblichen CTA (auch Gruppen-CTA genannt).

In Deutschland existieren mit Stand Juni 2010 rund 100 Einzel-CTA und etwa 20 Gruppen-CTA. Eine vollständige Liste aller CTA in Deutschland gibt es nicht, da keine Verpflichtung besteht, diese zentral oder in einem Verband zu registrieren. Annähernd lassen sich Einzel-CTA über die Vereins- und Handelsregister recherchieren. Gruppen-CTA erfordern im Allgemeinen eine Freistellung durch die BaFin nach KWG § 2 und sind dort gelistet.

CTAs sind rechtlich selbstständige Vereine die über entsprechenden Verträge an die Unternehmen, aus dem die Pensionsansprüche stammen, gebunden sind. Unternehmen können ihre Pensionsverpflichtungen durch das „Contractual Trust Arrangement" zu einem externen Treuhänder verlagern. Der Treuhänder für das CTA kann die Rechtsform einer GmbH, einer Stiftung oder eines eingetragenen Vereins haben. Mitunter werden CTA und Pensionsfonds nebeneinander dargestellt, gleichwohl handelt es sich beim CTA nicht um einen eigenen bAV-Durchführungsweg, sondern nur einen Weg zur Kapitalunterlegung einer Direktzusage mittels Treuhandmodell. Auch wenn die Grundidee der Konstruktion ähnlich ist, zeigen sich Unterschiede arbeits-, aufsichts- und steuerrechtlicher Natur sowie in ökonomischer Hinsicht, u. a. auch bei den Kosten der Insolvenzsicherung.

Beim CTA-Modell bleibt die ursprüngliche Form der betrieblichen Altersversorgung, das heißt die Direktzusage, unverändert erhalten. Deshalb müssen zum Beispiel auch in der Steuerbilanz nach wie vor Pensionsrückstellungen gebildet werden. Im Rahmen des CTA-Modells erfolgt in erster Linie eine Bindung von Vermögensgegenständen des Unternehmens für die Zwecke der betrieblichen Altersversorgung. Das heißt das Unternehmen überträgt Vermögensgegenstände auf das CTA. Juristisch gesehen ist das CTA neuer Eigner der Vermögensgegenstände. Hat ein Unternehmen zum Beispiel Rückdeckungsversicherungsverträge zur Finanzierung von Altersversorgungsverpflichtungen abgeschlossen, so erfolgt ein Versicherungsnehmerwechsel. Das CTA wird neuer Versicherungsnehmer der Rückdeckungsversicherungen. Das Unternehmen hat dann nur noch sehr beschränkt Einfluss auf die überlassenen Gelder. Dies ist gerade der Sinn des CTA-Modells, nämlich dass die angelegten Gelder gebunden sind und nicht mehr für versorgungsfremde Zwecke verwendet werden können. Zwischen Unternehmen und CTA wird zu diesem Zwecke ein Treuhandvertrag abgeschlossen. Der Treuhänder (also CTA) verpflichtet sich darin, für den Treugeber (das Unternehmen) die ihm überlassenen Finanzierungsmittel zum Zwecke der Erfüllung der Versorgungsversprechen aus der Direktzusage anzulegen. Die Art der Anlage wird ebenfalls festgelegt. Der Treugeber kann nur in Ausnahmefällen die angelegten Gelder zurückfordern, zum Beispiel wenn durch einen Dienstaustritt Gelder frei werden und diese für die Erfüllung des Versorgungsversprechens nicht mehr benötigt werden.

Trotz der Tatsache, dass das zusagende Unternehmen die Verfügungsgewalt über die im CTA gebundenen Vermögen weitgehend verliert, ist es keineswegs so, dass der Treuhandverein in eigenem Namen und auf eigene Rechnung handelt. Durch den Treuhandvertrag ist auch er gebunden. Der wirtschaftliche Nutzen liegt nach wie vor beim zusagenden Unternehmen, denn die angelegten

Gelder dienen ausschließlich der Erfüllung der Versorgungsversprechen des Unternehmens. Aus diesem Grund erfolgt auch nach wie vor eine Aktivierung in der Bilanz des Treugebers.

Durch das BilMoG bieten Verpfändung und auch das CTA-Modell einen zusätzlichen Nutzen für bilanzierende Unternehmen. Anders als in der Steuerbilanz dürfen zukünftig in der Handelsbilanz die zu bildenden Pensionsrückstellungen mit den Vermögenswerten saldiert werden, die zur Finanzierung der der Pensionsverpflichtung ausgesondert wurden. Diese Aussonderung wird auch durch einen Treuhandvertrag erreicht. Auch wenn sich die in der Handelsbilanz zu bildenden Rückstellungen durch das BilMoG erhöhen, ergeben sich durch die Saldierung u.U. Vorteile gegenüber dem bisherigen Rechtsstand. Durch die Saldierung der Aktiva und der Passiva kommt es zu einer Bilanzverkürzung mit einer entsprechenden Verbesserung von wichtigen Bilanzkennzahlen.

Die in der Praxis am meisten anzutreffende Treuhandgestaltung ist das CTA Modell, das eine doppelseitige Treuhandgestaltung darstellt. In dieser Gestaltungsform werden von den verpflichteten Arbeitgebern Vermögenswerte auf einen Treuhänder übertragen, der mit der Anlage und Verwaltung des Vermögens beauftragt wird. Die Grundlage dieser Rechtskonstruktion bildet daher der zwischen Arbeitgeber und Treuhänder geschlossene Treuhandvertrag. Der Treuhänder übernimmt auf Basis dieser Vertragsgrundlage die Funktion eines Verwaltungs- und Sicherungstreuhänders. Im Rahmen der Verwaltungstreuhand ist der Treuhänder dann gegenüber dem übertragenden Arbeitgeber verpflichtet, dass ihm übertragene Treuhandvermögen nach den Vorgaben des Arbeitgebers zu verwalten. Die Sicherungstreuhand zeichnet sich hingegen dadurch aus, dass die Arbeitnehmer als Begünstigte ab Eintritt des Sicherungsfalls – also der Insolvenz des Arbeitgebers – einen eigenen Anspruch gegen den Treuhänder geltend machen können. Insoweit handelt es sich hinsichtlich des Vertragsbestandteils der Sicherungstreuhand um einen Vertrag zugunsten Dritter gemäß § 328 Abs. 1 BGB. Die Hauptmotivation zur Nutzung eines CTA-Modells wird aber nicht in der zusätzlichen, privatrechtlichen Insolvenzsicherung der Versorgungsansprüche zu suchen sein. Eher geht es um die bilanziellen Gestaltungsmöglichkeiten nach internationalen Rechnungslegungsstandards und die Saldierungsmöglichkeiten des BilMoG. Denn nach Maßgabe des IAS 19.7 gestaltete CTA Modelle sind als „plan assets" zu klassifizieren. Für IFRS-Bilanzierer kann dadurch eine Bilanzverkürzung durch die Saldierung von „plan assets" mit den korrespondierenden Pensionsverpflichtungen erreicht werden.

Aus wirtschaftlicher Hinsicht bleibt der Arbeitgeber auch nach der Übertragung von Vermögenswerten auf ein CTA-Modell Inhaber der Übertragungswerte (BT-Drs. 14/7944, S. 22 m.w.N.), sodass eine bilanzielle Zuordnung zum „auslagernden" Arbeitgeber zu erfolgen hat. Folglich ist das Treuhandvermögen im Falle eines Insolvenzverfahrens zur Insolvenzmasse zu zählen. Aus insolvenzrechtlicher Sicht scheinen CTA-Modelle zur Übernahme von Pensionsverpflichtungen wohl rechtlich anerkannt, obwohl – soweit ersichtlich– noch keine höchstrichterliche Rechtsprechung dazu vorliegt. Dies ist deshalb beachtlich, weil der jedem CTA-Modell zugrunde liegende Treuhandvertrag gesetzlich nicht geregelt ist. Zweckmäßig erscheint der Einsatz von CTA-Modellen allerdings hauptsächlich wegen der o.g. Saldierungsaspekte. Allerdings sind solche Lösungen meist sehr kostenintensiv, denn eine rechtlich haltbare Treuhandvereinbarung, die sowohl eine Verwaltungstreuhand- als auch eine Sicherungstreuhandgestaltung beinhaltet, sollte von einem Spezialisten gefertigt werden. Der erhebliche Beratungsaufwand dürfte viele Mittelständler dazu bewegen, von der Nutzung eines CTA-Modells abzusehen. Auch das häufig vorgebrachte Argument, dass derartige Treuhandgestaltungen auch ohne Beteiligung der zu sichernden Mitarbeiter durchgeführt werden können, wodurch sich die Verwaltungsbelastung für den Arbeitgeber erheblich reduzieren lasse, überzeugt nicht. Es ist zwar grundsätzlich richtig, dass in solchen Fällen keine Unterschrift der jeweiligen Arbeitnehmer notwendig ist. Doch eine Einbindung der betroffenen Arbeitnehmer ist in der Praxis eh notwendig.

Schon aus Beweisgründen ist es im Rahmen von Entgeltumwandlungsvorgängen zwingend erforderlich, schriftliche Arbeitsvertragsergänzungsabreden zwischen dem zusagenden Arbeitgeber und dem versorgungsberechtigten Arbeitnehmer zu treffen. Somit stellt es keinen gesonderten Verwaltungs- bzw. Mehraufwand dar, wenn der Arbeitnehmer zugleich die Entgeltumwandlungsvereinbarung und eine Verpfändungsvereinbarung zur Insolvenzsicherung unterzeichnet. Folglich ist der Einsatz von Verpfändungslösungen oft der günstigere und schneller umsetzbare Weg. Zumal die Rechtssicherheit des deutschen Pfandrechts aufgrund der einschlägig bewährten Bedingungen des BGB außer Frage steht (vgl. § 1204 BGB ff.).

Für die Auslagerung von Pensionsrückstellungen in ein CTA werden von den Befürwortern vielfältige Gründe angeführt, so etwa die Möglichkeit einer besseren Risikosteuerung. Dieser Begriff hat vielfach zu der falschen Erwartung geführt, dass man mit einem CTA auch das Risiko von Zinsänderungen oder einer steigenden Lebenserwartung weiterreichen könne. Doch hier ist Vorsicht angebracht. Bei einem CTA wird nämlich lediglich Vermögen, nicht jedoch die

Verpflichtung ausgelagert. Wer also in Pensionsverpflichtungen ein besonderes biometrisches Risiko sieht, kann dieses durch die Einrichtung eines CTA definitiv nicht reduzieren. Eine gewisse, hoffentlich bessere Risikosteuerung ist lediglich aufseiten der Vermögensanlage in der Frage der Zinserträge durch eine Diversi-fizierung und Absicherung der Anlagegelder möglich. Die Bilanzverkürzung über den CTA-Ansatz verändert zwar das Bild der betrieblichen Kennzahlen, nicht aber die realen Chancen und Risiken des Unternehmens. Da die bilanz-politischen Maßnahmen wie etwa die Saldierung der Pensionsverpflichtungen in einem CTA im Anhang der Bilanz erklärt werden müssen, wird diese Information praktisch nur verschoben. Der erfahrene Analyst erkennt diesen Zusammenhang sofort. Die genannten, oft übersehenen Punkte zum CTA-Modell gelten praktisch bei jeder Unternehmensgröße. Und die Vergangenheit hat gezeigt, dass eine durch ein CTA verkürzte Bilanz selbst bei internationalen börsennotierten Unternehmen nicht immer sinnvoll gewesen ist. Bei kleineren und mittleren Unternehmen ist deshalb erst recht nach dem Sinn einer Auslagerung von Pensionsrückstellungen zu fragen. Denn für den Mittelstand gelten in puncto Bilanzierung andere Gesetzmäßigkeiten als für ein börsen-notiertes Unternehmen, das sich auf dem internationalen Kapitalmarkt be-haupten muss. So ist etwa die internationale Vergleichbarkeit der Unter-nehmenskennzahlen bei Weitem nicht so wichtig.

Die Bilanzoptik spielt auch bei der Kreditvergabe in der Praxis eine unter-geordnete Rolle. Keine Bank oder Sparkasse wird die Kreditwürdigkeit ihrer mittelständischen Kunden auf der Grundlage der Internationalen Rechnungs-legungsstandards (IFRS) beurteilen. Maßgeblich sind und bleiben hier vielmehr dessen tatsächliche wirtschaftliche Verhältnisse (Heubeck, Chancen und Risiken von CTA-Modellen, Markt und Mittelstand 2008).

Aus den zuvor genannten Insolvenzsicherungs- und Saldierungsaspekten bieten sich, sowohl für Arbeitnehmer (sofern erforderlich) als auch für Gesellschafter-Geschäftsführer, als kostengünstige und rechtssichere Instrumente effiziente Verpfändungslösungen an. Die rechtsgeschäftliche Verpfändung als Sicherungs-mittel ist in den §§ 1204 bis 1296 BGB geregelt, wobei zwischen Pfandrechten an beweglichen Sachen und Pfandrechten an Rechten unterschieden wird. Zur zweiten Kategorie zählen verpfändete Ansprüche aus Rückdeckungsversicher-ungen und letztlich auch verpfändete Wertpapierdepots. Das Pfandrecht ist auf Grund seines akzessorischen Charakters (§ 1210 BGB) abhängig vom Bestand der Hauptforderung und richtet sich im Falle einer gesicherten unmittelbaren Versorgungszusage nach der Höhe der zu sichernden Versorgungsansprüche. Die Bestellung des Pfandrechts an einem Recht richtet sich gem. § 1274 Abs.

1BGB nach den für die Übertragung des Rechts geltenden Vorschriften. Für die Verpfändung ist daher die Einigung zwischen Schuldner (Arbeitgeber) und Gläubiger (Arbeitnehmer) über das Entstehen des Pfandrechts erforderlich. Nach § 1280 BGB muss bei einer Forderungsverpfändung letztlich eine Anzeige an den Drittschuldner erfolgen. Das Pfandrecht berechtigt den so gesicherten Pfandgläubiger (z.B. den GGF) bei Fälligkeit der gesicherten Forderung gemäß §§ 1228 Abs. 2 S. 1, 1281 f. BGB zur Verwertung des Pfandobjektes.

Aus insolvenzrechtlicher Sicht scheinen CTA-Modelle zur Übernahme von Pensionsverpflichtungen wohl rechtlich anerkannt, (Vgl. Küppers/Louven, BB 2004, 337, und Küppers/Louven/Schröder, BB 2005, 763; Passage, DB 2005, 2746 ff.), obwohl – soweit ersichtlich – noch keine diesbezügliche höchstrichterliche Rechtsprechung vorliegt. Dies ist deshalb beachtlich, da der jedem CTA-Modell zugrunde liegende Treuhandvertrag gesetzlich grds. nicht geregelt ist (siehe Palandt, BGB, § 903, Rn. 36 ff.), so dass unabdingbar auf eine geeignete Gestaltung hingewirkt werden muss, die allen notwendigen Belangen gerecht wird. Zweckmäßig erscheint der Einsatz von CTA-Modellen allerdings hauptsächlich aufgrund der o.g. Saldierungsaspekte. Für deutsche Unternehmen ohne im Vordergrund stehende Saldierungsabsicht – also den weiten deutsche Mittelstand – erweist sich eine diesbezügliche Umsetzung aus Erfahrung zumeist als sehr kostenintensiv (Vgl. auch: Uckermann, Vermögen & Steuern 2007, 28). Denn zur Erstellung einer rechtlich haltbaren Treuhandvereinbarung, die sowohl die rechtlich komplexe Verwaltungstreuhand als auch die ebenfalls sehr komplexe Sicherungstreuhandgestaltung beinhaltet, sind hochqualifizierte und erfahrene Rechtsberatungsunternehmen bzw. -sozietäten zu beauftragen, wodurch ein erheblicher Beratungskostenaufwand zu erwarten ist, der viele Mittelständler eher dazu bewegen wird, von der Nutzung eines CTA-Modells abzusehen. Zudem stehen auch die bilanziellen Vorteilhaftigkeitsbetrachtungen nach internationaler Rechnungslegung nach den eindrucksvollen Ausführungen von Seeger (Seeger, DB 2007, 697 ff.) in einem neuen Licht bzw. haben sich sehr stark relativiert, so dass auch hier nur unternehmensbezogene Individualbetrachtungen Aufschluss darüber geben können, inwieweit eine CTA-Umsetzung wirtschaftlich und bilanztechnisch sinnvoll sein kann.

12.2. Auslagerung des Past- und des Future-Services auf externe Versorgungsträger

Gegenüber von CTA-Modellen wird bei einer tatsächlichen Verpflichtungsauslagerung der übernehmende Versorgungsträger (z.B. Pensionsfonds, Pensionskasse oder Direktversicherung) neuer Schuldner der Pensionsverpflichtungen. Arbeitsrechtlich handelt es sich hierbei um einen Durchführungswegwechsel. Im Rahmen einer Übertragung der Pensionsverpflichtungen auf einen solchen mittelbaren Durchführungsweg sind ggf. steuerliche Restriktionen zu beachten. Zuwendungen des Arbeitgebers an einen versicherungsförmigen Durchführungsweg (Pensionsfonds, Pensionskasse oder Direktversicherung) sind dem Grunde nach lohnsteuerpflichtig. Eine Auslagerung bereits erdienter Anwartschaften auf eine Pensionskasse oder Direktversicherung scheidet damit in der Praxis aus, da sie für die Versorgungsberechtigten aufgrund der steuerlichen Höchstgrenzen des § 3 Nr. 63 EStG im Jahr der Dotierung regelmäßig zum Zufluss von Arbeitslohn führen würde. Eine Übertragung der Direktzusage auf eine Unterstützungskasse ist zwar steuerrechtlich möglich, führt jedoch bei Anwärtern zu einer ertragswirksamen Auflösung der Pensionsrückstellungen, welche aufgrund des § 4d Abs. 1 Nr. 1c EStG nicht durch einen entsprechenden Einmalbeitrag an eine rückgedeckte Unterstützungskasse kompensiert werden kann. Eine Direktzusage kann deshalb bei Anwärtern nicht gewinnneutral durch eine Unterstützungskassenversorgung ersetzt werden (vgl. Otto, in: Blomeyer/Rolfs/Otto, BetrAVG, StR. D, 136; Schanz, BB 02, 2655.). Nur bei Rentnern oder direkt bei Rentenbeginn können Einmalbeiträge in eine Unterstützungskasse eingezahlt werden. Bei Anwärtern sind gleichbleibende oder steigende Beiträge vorgeschrieben.

Eine Auslagerung des Future-Services auf einen Pensionsfonds scheitert schon daran, dass der Dotierungsrahmen nach § 3 Nr. 63 EStG begrenzt ist und ggf. durch Direktversicherungen und/oder laufende Beiträge zu Pensionsfonds oder Pensionskassen ausgeschöpft ist.

Im Folgenden soll die Verpflichtungsauslagerung auf einen Pensionsfonds (Alt/Stadelbauer, DStR 12, 1820; Zajons/Mische, BB 13, 1072.), die von Rechts- wie bAV-Beratern zumeist empfohlene Lösung für die Auslagerung bereits erdienter Versorgungsrechte (laufender Renten und Anwartschaften), untersucht und mit der Liquidationsversicherung verglichen werden.

Der Pensionsfonds als jüngster Durchführungsweg der betrieblichen Altersversorgung wurde mit dem AVmG (Altersvermögensgesetz vom 26.6.01, BGBl I,

1310) zum 1.1.02 vor allem mit der Zielsetzung geschaffen, international am Kapitalmarkt operierenden Unternehmen eine Möglichkeit zu schaffen, bereits im Unternehmen bestehende Direktzusagen lohnsteuerfrei auf einen neuen Versorgungsträger auslagern zu können (§ 3 Nr. 66 EStG.) Durch den bilanziellen Wegfall von unmittelbaren betrieblichen Versorgungsrechten sollte eine oftmals gewünschte Verbesserung des Bilanzbildes (sprich Bilanzverkürzung) erreicht werden (BT-Drs. 14/5150, S. 44.).

Der Pensionsfonds, gemäß § 1b Abs. 3 BetrAVG eine „rechtsfähige Versorgungseinrichtung, die dem Arbeitnehmer oder seinen Hinterbliebenen auf ihre Leistungen einen Rechtsanspruch gewährt", unterliegt wie Pensionskassen oder Lebensversicherer der Aufsicht durch die Bundesanstalt für Finanzdienstleistungsaufsicht (BaFin). Die nach § 113 Abs. 2 Nr. 1 VAG von der BaFin zu genehmigenden Pensionspläne von Pensionsfonds sind mit den allgemeinen Versicherungsbedingungen vergleichbar und sind damit Bestandteil des Pensionsfondsvertrags, der zwischen dem Pensionsfonds und dem Arbeitgeber zugunsten von Arbeitnehmern geschlossen wird. Der Pensionsfonds kann als versicherungsförmige Variante mit derzeit maximal 0,9 % Rechnungszins oder nach den Vorgaben des § 112 Abs. 1a VAG als nicht-versicherungsförmige Variante mit einem durch die BaFin ausdrücklich zu genehmigenden höheren Rechnungszins betrieben werden. Er unterscheidet sich dann nur noch graduell von Pensionskassen bzw. Lebensversicherern. Der Einmalbeitrag, um eine Pensionsverpflichtung zu übernehmen, ist damit gut und gerne 50 % bis 100 % höher als die steuerliche Rückstellung und auch deutlich höher als die entsprechende in der Handelsbilanz bzw. internationalen Bilanz ausgewiesene Verpflichtung. Möglich ist aber auch eine nicht versicherungsförmige Variante, bei der Pensionsfonds einen kalkulatorischen Zins bis max. 5 % der Beitragsberechnung zugrunde legen (vgl. Zajons/Mische, BB 13, 1073). In diesem Fall reduziert sich der für eine Übernahme erforderliche Einmalbeitrag erheblich und liegt - wegen einer Zinsdifferenz sowie Differenz in den biometrischen Grundlagen - ggf. nur noch wenig über dem Verpflichtungsvolumen gemäß Handels- oder internationaler Bilanz, allerdings noch ein gutes Stück über der steuerlich gebildeten Rückstellung. Die Sache hat natürlich einen Haken: Beim nicht versicherungsförmigen Pensionsfonds muss sich der Arbeitgeber nach § 112 Abs. 1a VAG für den Fall der Unterdeckung zu den erforderlichen Nachschüssen verpflichten. Bei dieser Variante verbleibt damit faktisch ein wesentlicher Teil der Pensionsverpflichtung beim Arbeitgeber. Dieser trägt das Risiko, dass der kalkulatorisch angesetzte, hohe Zins nicht langfristig erreicht wird. Die Höhe des für eine „wertgleiche" Übernahme erforderlichen Einmalbeitrags an einen Pensionsfonds richtet sich wesentlich nach der gewählten Variante des

Pensionsfonds (versicherungsförmig bzw. nicht-versicherungsförmig) und damit nach der Risikobereitschaft des Unternehmens. Auch bei einer nicht versicherungsförmigen Ausgestaltung wird ein für die Beitragskalkulation verwendeter realistischer Zinssatz deutlich unter dem steuerlichen Rechnungszins von 6 % liegen (z.B. 3 % oder 3,5 %) (Uckermann, BB 10, 281). Der für die Übertragung an den Pensionsfonds zu zahlende Einmalbeitrag liegt somit in der Regel weit über der gebildeten steuerlichen Rückstellung (dem „Heubeck-Wert" im Sinne des § 6a EStG) und auch noch ein gutes Stück über dem Barwert der Verpflichtungen gemäß IAS oder BilMoG. Daher stellt sich die Frage, ob genügend Liquidität vorhanden ist, um den genannten Übertragungsvorgang zu schultern. Darüber hinaus muss bei in diesem Zusammenhang vorgenommenen betriebswirtschaftlichen und steuerrechtlichen Vorteilhaftigkeitsbetrachtungen beachtet werden, dass es der Gesetzgeber nicht zulässt, dass der komplette Übertragungsbetrag in voller Höhe zum Betriebsausgabenabzug zugelassen wird.

Mit dem § 3 Nr. 66 EStG hat der Gesetzgeber die Möglichkeit geschaffen, dass Leistungen eines Arbeitgebers (unmittelbare Versorgungszusage) oder einer Unterstützungskasse an einen Pensionsfonds zur Übernahme bestehender Versorgungsverpflichtungen oder Versorgungsanwartschaften durch den Pensionsfonds steuerfrei für den berechtigten Arbeitnehmer sind, wenn ein Antrag nach § 4d Abs. 3 oder § 4e Abs. 3 EStG gestellt worden ist. Das BMF hatte hierzu Stellung bezogen (BMF 26.10.06, IV B 2 - S 2144 - 57/06). Hiernach legte die Finanzverwaltung fest, dass für Versorgungsanwartschaften aktiver Beschäftigter nur eine lohnsteuerfreie Übertragung gemäß § 3 Nr. 66 EStG infrage kommt, wenn es sich bei diesen Anwartschaften um bereits vollständig erdiente Anwartschaften handelt (Past-Service).

Durch die Auslagerung einer unmittelbaren Versorgungszusage auf einen Pensionsfonds kann die Pensionsrückstellung in der Steuerbilanz aufgelöst werden (Schmidt/Weber-Grellet, § 4e Rn. 5 ff.). Dagegen gilt die Einmalprämie an den Pensionsfonds grundsätzlich als Betriebs-ausgabe. Durch die o.g. Antragsstellung nach § 4e Abs. 3 EStG kann die Einmalprämie bis zur Höhe des nach § 6a EStG berechneten Teilwertes im Wirtschaftsjahr der Auslagerung geltend gemacht werden (BMF 26.10.06, a.a.O.). Die Einmalprämie wird diesen Wert jedoch, bedingt durch unterschiedliche Rechnungsgrundlagen, regelmäßig deutlich übersteigen. Den übersteigenden Anteil kann das Unternehmen im Jahr der Übertragung nicht steuerlich geltend machen. Es kann ihn lediglich gleichmäßig verteilt über die folgenden zehn Wirtschaftsjahre steuerlich absetzen (BMF 26.10.06, a.a.O.). Faktisch ergibt sich damit im Übertragungsjahr eine Kostenerhöhung in Form einer Vorauszahlung von Steuern. Nach den Vorgaben des HGB erfolgt bei der Auslagerung einer Direktzusage auf einen Pensionsfonds eine Auflösung der Pensionsrückstellung in der durch den Pensionsfonds ausfinanzierten Höhe. Eine etwaige Unterdeckung ist weiterhin zu bilanzieren.

Nachdem sich das BMF bereits mit Schreiben vom 26.10.2006 näher mit diesem Teilaspekt der betrieblichen Altersversorgung auseinandergesetzt hatte (insbesondere mit dem Anwendungsbereich, den erfassten Leistungen und dem Beginn des Verteilungszeitraums), hat es mit Schreiben vom 10.7.2015 folgende Aussagen zu diesem Themenkreis veröffentlicht:

Eine Lohnsteuerfreiheit nach § 3 Nr. 66 EStG kommt bei einer entgeltlichen Übertragung von Versorgungsanwartschaften aktiver Beschäftigter nur für diejenigen Zahlungen an den Pensionsfonds in Betracht, die für bis zum Zeitpunkt der Übertragung bereits erdiente Versorgungsanwartschaften geleistet werden.

Keine bestehende Verpflichtung i. S. d. § 4e Abs. 3 Satz 1 EStG sind künftige Rentenanpassungen für Versorgungsanwartschaften, die zum Zeitpunkt der Übertragung bereits erdient und noch nicht fest zugesagt wurden. Allerdings darf für Verpflichtungen, die einer Anpassungsprüfungspflicht nach § 16 Abs. 1 des Gesetzes zur Verbesserung der betrieblichen Altersversorgung (BetrAVG) unterliegen, eine jährliche pauschale Erhöhung von bis zu 1 % berücksichtigt werden.

Wie hoch die Versorgungsanwartschaften ausfallen, die bis zum Zeitpunkt der Übertragung bereits erdient sind, muss entsprechend den Regelungen in § 2 BetrAVG ermittelt werden. Bei beherrschenden Gesellschafter-Geschäftsführern wird, abweichend von § 2 BetrAVG, nicht auf den Diensteintritt, sondern auf das ursprüngliche Zusagedatum abgezielt. Maßgeblich ist dabei der jeweilige Übertragungszeitpunkt. Soll durch den Pensionsfondtarif ein konstanter Alters-, Invaliden- und Hinterbliebenenrentenanspruch abgedeckt und nicht etwa der erdiente Teil der zugesagten Versorgungsleistungen auf einen Pensionsfonds übertragen werden, muss durch einen Barwertvergleich nachgewiesen werden, dass der rechnerisch übertragungsfähige sog. „Past-Service" gleichwertig mit der auf den Pensionsfonds abgewälzten Versorgung ist. Dieser Vergleich muss auf Basis aktueller, steuerlich anerkannter Rechnungsgrundlagen für die Bewertung von Pensionsverpflichtungen nach § 6a EStG erfolgen.

Die 10-jährige Verteilung der Betriebsausgaben nach § 4e Abs. 3 EStG wird gesetzlich modifiziert, wenn der Arbeitgeber infolge der Übertragung der Versorgungsverpflichtung oder -anwartschaft eine Pensionsrückstellung nach § 6a EStG (gewinnerhöhend) auflösen muss. In diesem Fall schreibt § 4e Abs. 3 Satz 3 EStG vor, dass die Leistungen an den Pensionsfonds in Höhe der aufgelösten Rückstellung als Betriebsausgabe abgezogen werden dürfen (im Wirtschaftsjahr der Übertragung). Der Betrag, der die aufgelöste Rückstellung übersteigt, muss dann in den folgenden 10 Wirtschaftsjahren gleichmäßig zum Abzug gebracht werden.

Wie hoch der sofortige Betriebsausgabenabzug bei einer aufzulösenden Rückstellung ausfällt, richtet sich nach Auffassung des BMF nach der Pensionsrückstellung, die am vorangegangenen Bilanzstichtag bestand. Sofern Übertragungszeitpunkt und Bilanzstichtag auseinanderfallen, darf nicht die fiktive Pensionsrückstellung herangezogen werden, die im Übertragungszeitpunkt maßgeblich wäre.

Ferner ist der sofortige Betriebsausgabenabzug bei der Übertragung des erdienten Teils einer Versorgungsanwartschaft auf einen Pensionsfonds nur möglich, soweit die Auflösung der Pensionsrückstellung auf der Übertragung des erdienten Teils beruht.

Das BMF erklärt, dass die Regelungen des neuen Schreibens in allen offenen Fällen gelten.

Die Verwaltungsaussagen aus 2006, wonach die bereits erdienten Versorgungsanwartschaften auch mit dem höheren steuerlich ausfinanzierbaren Teil im Übertragungszeitpunkt berücksichtigt werden können (Rz. 4 und 5 des alten BMF-Schreibens), dürfen letztmals für Versorgungsanwartschaften angewandt werden, die vor dem 1.1.2016 auf einen Pensionsfonds übertragen werden. Der vom BMF geforderte Barwertvergleich ist nicht erforderlich, wenn die Versorgungsanwartschaft aus einer Pensionszusage vor dem 1.1.2016 auf einen Pensionsfonds übertragen wird, sich die Höhe der unverfallbaren Anwartschaft (zeitanteilig) nach § 2 Abs. 1 BetrAVG ermittelt und ein konstanter Rentenanspruch auf Basis der zeitanteilig erdienten Altersrente auf den Pensionsfonds übertragen wird. Eine steuerfreie Übertragung auf der Grundlage des steuerlich ausfinanzierbaren Teils der zugesagten Versorgungsleistungen ist in diesem Fall nicht zulässig. (BMF, Schreiben v. 10.7.2015, IV C 6 - S 2144 / 07 / 10003; v. 26.10.2006, IV B 2 – S 2144 – 57 / 06, BStBl 2006 I, S. 709)

Unter Einbeziehung der dargestellten rechtlichen Rahmenbedingungen stellt sich die Frage, ob sich eine Auslagerung unter betriebswirtschaftlichen Gesichtspunkten lohnt.

Betriebswirtschaftlich relevant sind dabei primär Kosten-, Rendite- und Liquiditätseffekte. Die Übertragung von Pensionsverpflichtungen auf einen Pensionsfonds bewirkt - jedenfalls beim versicherungsförmigen Pensionsfonds -, dass von da an Ergebnis und Bilanz nicht mehr von der bAV berührt werden. Insbesondere Zinsveränderungen haben keinen Effekt mehr auf die Bilanz. Im Rahmen einer Direktzusage ist eine solche Neutralität für die Bilanz nur teilweise durch eine verpflichtungskongruente interne Kapitalanlage erreichbar. Der Preis für die völlige Bilanz und GuV Neutralität ist allerdings ein regelmäßig hoher Zuschlag auf den Verpflichtungswert für den geforderten Einmalbeitrag an den Pensionsfonds zur Ablösung der Direktzusage.

12.3. Auslagerung von Pensionsverpflichtungen im Rahmen der Liquidation

Wird die Betriebstätigkeit eingestellt und das Unternehmen liquidiert, kann eine Zusage von einer Pensionskasse oder einem Unternehmen der Lebensversicherung ohne Zustimmung des Arbeitnehmers oder Versorgungsempfängers übernommen werden, wenn sichergestellt ist, dass die Überschussanteile ab Rentenbeginn entsprechend § 16 Abs. 3 Nr. 2 BetrAVG verwendet werden. § 2 Abs. 2 S. 4 bis 6 BetrAVG gilt entsprechend.

Der Gesetzgeber hat mit der so genannten „Liquidationsversicherung" ein Ventil für all diejenigen Betriebe geschaffen, für die sich kein adäquater Nachfolger finden lässt oder die aus wirtschaftlichen Gründen die Geschäftstätigkeit einstellen wollen, bevor es zu einer Insolvenz kommt. Voraussetzung für die Inanspruchnahme der besonderen Übertragungsmöglichkeit des § 4 Abs. 4 BetrAVG ist jedoch zwingend, dass die Betriebstätigkeit eingestellt und das Unternehmen anschließend liquidiert wird. Der Liquidator muss dann die laufenden Geschäfte der Gesellschaft beenden, die Forderungen einziehen, das übrige Vermögen veräußern und die Gläubiger befriedigen. Verbleibende Überschüsse können dann an die Gesellschafter verteilt werden.

Im Zusammenhang mit der Liquidation darf die bestehende Pensionslast auf eine Pensionskasse oder eine Lebensversicherungsgesellschaft übertragen werden. Dazu müssen noch folgende Voraussetzungen erfüllt sein:

- Verwendung der Überschussanteile zur Rentenerhöhung

- Beleihung oder Abtretung durch den Arbeitnehmer ausgeschlossen

- Kündigung durch den Arbeitnehmer ist ebenfalls untersagt

Die Zustimmung des Versorgungsberechtigten ist nach dem ausdrücklichen Wortlaut des Gesetzes in diesem Sonderfall nicht erforderlich. Es ist jedoch davon auszugehen, dass die Vorschrift des § 159 Abs. 2 VVG auch hier zu beachten ist. Danach muss bei Abschluss einer Lebensversicherung immer dann die Einwilligung des Versicherten eingeholt werden, wenn Versicherungsnehmer und versicherte Person nicht identisch sind. Da es der Gesetzestext offenlässt, ob das zu liquidierende Unternehmen Versicherungsnehmer sein muss (sog. Liquidations-Direktversicherung) oder ob auch der Versorgungsberechtigte Versicherungsnehmer sein kann, sind wohl beide Formen zulässig. Im letzteren Fall erübrigt sich dann ebenfalls eine ausdrückliche Einwilligung des Versorgungsberechtigten.

Leistungen eines Unternehmens an eine Pensionskasse oder einen Lebensversicherer rechnen normalerweise als so genannte Zukunftssicherungsleistungen zu den steuerpflichtigen Einkünften des Versorgungsberechtigten i.S. des § 19 EStG. Da eine Übertragung von Pensionslasten auf eine Pensionskasse oder eine Lebensversicherungsgesellschaft aber in der Praxis kaum stattfinden würde, wenn der Versorgungsberechtigte den Übertragungswert bei der Übertragung voll versteuern müsste, war der Gesetzgeber gezwungen, die Übertragungsmöglichkeit steuerlich zu flankieren. Mit § 3 Nr. 65 EStG hat der Gesetzgeber dafür gesorgt, dass die Pensionslast bei der Liquidation steuerneutral übertragen werden kann. Danach bleiben Leistungen zur Übernahme von Versorgungsleistungen oder unverfallbaren Versorgungsanwartschaften durch eine Pensionskasse oder ein Unternehmen der Lebensversicherung in den in § 4 Abs. 4 BetrAVG bezeichneten Fällen steuerfrei. Hinsichtlich der Anwendbarkeit der Sonderregelung hat sich die Finanzverwaltung großzügig gezeigt. Sie lässt die Steuerbefreiung des § 3 Nr. 65 EStG auch für beherrschende Gesellschafter-Geschäftsführer gelten, obwohl dieser Personenkreis nicht dem Betriebsrentenrecht unterliegt (R 27 Abs. 1 S. 3 LStR). Durch die Übertragung der Pensionslast auf eine Pensionskasse oder eine Lebensversicherung ändert sich die Besteuerungssituation des Versorgungsberechtigten nicht.

Die später vereinnahmten Renten rechnen zu der Einkunftsart, zu denen die Versorgungsleistungen gehören würden, wenn eine Übertragung nicht stattgefunden hätte (§ 3 Nr. 65 S. 3 EStG). Somit rechnen die Rentenzahlungen auch nach dem Wechsel des Zahlungspflichtigen noch zu den Einkünften aus nichtselbstständiger Tätigkeit i.S. des § 19 EStG. Für die Erhebung der Lohnsteuer gelten die zahlende Pensionskasse oder Lebensversicherung als Arbeitgeber und der Leistungsempfänger als Arbeitnehmer (§ 3 Nr. 65 S. 5 EStG).

Die Ermittlung des Übergangswertes erfolgt sowohl bei Übertragung auf eine Pensionskasse als auch bei Übertragung auf einen Lebensversicherer nach den Rechnungsgrundlagen, die der jeweilige Versorgungsträger zur Kalkulation seiner Tarife verwendet. Dabei werden sich kaum Unterschiede ergeben, da beide Versorgungsträger mit denselben Rechnungsgrundlagen operieren. Die biometrischen Risiken werden unter Verwendung der Sterbetafeln DAV 2004 R kalkuliert. Der Rechnungszins beträgt aktuell 0,9 v.H.

12.3.1. Überlegungen vor der Entscheidung über die Auslagerung von Pensionsverpflichtungen

Bevor eine Entscheidung getroffen werden kann, welcher Weg beschritten werden soll, ist es von Nöten sich die Zusage und die wirtschaftlichen Konsequenzen genau anzuschauen. Ein CTA ermöglicht die Saldierung von Vermögensgegenständen und Verpflichtungen. Für nach internationaler Rechnungslegung bilanzierende Unternehmen schreibt IAS 19.7 hierfür vor, dass Vermögensgegenstände von einer rechtlich eigenständigen Einheit gehalten werden, ausschließlich für die Zahlung oder Finanzierung von Leistungen an die Arbeitnehmer zur Verfügung stehen, insolvenzsicher sind und nur dann an den Arbeitgeber zurück übertragen werden können, wenn das verbleibende Planvermögen zur Bedienung sämtlicher Verbindlichkeiten ausreicht bzw. die Rückübertragung als Erstattung für geleistete Zahlungen erfolgt. Bei Vorliegen dieser Voraussetzungen ist auch eine Saldierung von Pensionsverpflichtungen und -vermögen in der Handelsbilanz möglich. In der Steuerbilanz müssen dagegen weiterhin die Pensionsrückstellungen und der Wert etwaiger Deckungsmittel in voller Höhe ausgewiesen werden. Insofern kann man davon sprechen, dass ein CTA-Modell lediglich eine virtuelle Auslagerung darstellt.

Im Folgenden wird eine Auslagerung über einen Pensionsfonds mit einer Liquidationsversicherung Zeitpunkt des Verkaufes einer GmbH verglichen. Es handelt sich im Zeitpunkt des Ausscheidens aus der GmbH um erdiente Ansprüche, entweder als Anwärter (Past-Service) oder als Rentner bei Rentenbeginn (Vollanspruch).

Die erdienten Ansprüche werden zum Zeitpunkt des Ausscheidens berechnet.

Betrachtet man nun die Auslagerung des Past-Service auf einen Pensionsfonds isoliert, muss man sehen, dass nur, bis zur Höhe der gebildeten steuerlichen Pensionsrückstellungen, Beiträge an den Pensionsfonds als Betriebsausgabe sofort absetzbar sind. Der Rest ist in 10 Jahresschritten zu verteilen. Eine Liquidierung der GmbH ist aber trotz ausgelagerter Zusage nicht so einfach möglich.

Wird ein früherer Termin, als das Renteneintrittsalter, für die Auslagerung, bei gleichzeitiger Weiterführung der GmbH, in Erwägung gezogen, so kann für den Past-Service nur der Pensionsfonds ins Spiel gebracht werden. Invaliditätsansprüche können auf einen Pensionsfonds nicht übertragen werden. Insoweit liegt dann, nach diesseitiger Auffassung, ein steuerwirksamer Verzicht seitens des GGF vor, wenn nicht die Altersleistung für eine wertgleiche Zusage angepasst würde.

Hier kommt der Aspekt Liquidationsversicherung ins Spiel. Bei der Liquidationsversicherung wird wie oben ausführlich erläutert die Zusage auf ein Unternehmen der Pensionskassen oder der Lebensversicherungen übertragen.

Die oben angeführten Bedenken hinsichtlich der Invaliditätszusage gelten auch hier, allerdings mit der Maßgabe, dass die versicherte Person, bei Neuabschluss einer Versicherung keine BU-Absicherung mehr erhalten würde, da Gesundheitsaspekte i.d.R. dagegensprechen.

Der Aspekt Invaliditätsabsicherung kommt aber nur in Betracht, wenn sofort eine Liquidation des Unternehmens angedacht wäre. Bei Liquidation zum Renteneintritt, wäre die Invaliditätszusage obsolet. Bei Abschluss der Liquidationsversicherung übernimmt der Lebensversicherer nicht die Versorgung als Ganzes, sondern nur Verpflichtungen, die als Leistungen im Rahmen einer abgeschlossenen Versicherung abbildbar sind. Das bedeutet, das Unternehmen kann anschließend nur liquidiert werden, wenn die abgeschlossene Versicherung mit der alten Zusage „wertgleich" ist. Bei der Übertragung einer Versorgungszusage auf einen Lebensversicherer ist eine kongruente bzw. deckungsgleiche Übernahme im Rahmen einer Versicherung oft nicht möglich. Eine inhaltliche Veränderung der zu übernehmenden Versorgungsverpflichtung ist damit unvermeidbar. Allerdings ist eine inhaltliche Veränderung der zu übernehmenden Versorgungsverpflichtungen nur dann unbedenklich, wenn eine Wertäquivalenz zwischen den Verpflichtungen vor Übernahme und den neu begründeten Verpflichtungen nach Übernahme besteht.

Vergleicht man nun die Möglichkeit einer Auslagerung zum Rentenalter über die Liquidationsversicherung mit der sofortigen Auslagerung über einen Pensionsfonds, so macht die Liquidationsversicherung aus betriebswirtschaftlichen Gründen mehr Sinn. Der Betrag für den Pensionsfonds wäre sofort fällig, kann steuerlich aber nur verteilt angesetzt werden, der Betrag für die Liquidationsversicherung würde ebenfalls sofort fällig, kann aber komplett geltend gemacht werden, da das Unternehmen nach der Übertragung liquidiert wird.

Bei der Liquidationsversicherung ergeben sich noch weitere Aspekte, die beachtet werden müssen. Da nach der Liquidation der GmbH keine Nachschüsse mehr geleistet werden können, muss eine adäquate Rückdeckungsversicherung mit garantierten Werten abgeschlossen werden, damit der Wert der Versicherung nicht unter den garantierten Zins fällt. Aber selbst in wirtschaftlich schwierigen Zeiten, wie sie jetzt vorliegen, werden in der Regel noch Überschüsse erwirtschaftet. Diese werden dann im Rentenbezug als Leistungserhöhend an den Betriebsrentner ausgezahlt. Ein ganz anderer Aspekt ist aber das sogenannte Langlebigkeitsrisiko. Da dieses das Versicherungsunternehmen trägt, lässt es sich dieses Risiko durch eine dementsprechende Prämie bezahlen. Die Kehrseite der Medaille ist die sogenannte Kurzlebigkeitschance. Wenn die Versorgungszusage komplett ausgelagert wird, und keine Witwenrente vereinbart wurde, bzw. aus der Zusage herausgenommen wurde (z.B. vorzeitiges Versterben oder Scheidung) und die Invaliditätsrentenzusage durch Barwertvergleich zugunsten der Altersrente eliminiert wurde, ist von ihr nur noch die Altersrente übriggeblieben. Verstirbt der Betriebsrentner frühzeitig, fließt die nicht aufgezehrte Versicherungsleistung, mangels Hinterbliebener, an die Versicherungsgesellschaft.

12.4. Die Rentnergesellschaft

12.4.1. Die Rentnergesellschaft nach dem Asset-Deal

Oft hat man die Situation, dass man ein Unternehmen verkaufen möchte, aber ein Erwerber scheut sich vor dauernden Lasten. Insofern wird ein Erwerber einen sogenannten Share-Deal nicht abschließen wollen. I.d.R. entschließt man sich für einen Asset-Deal. Der Erwerber kauft alle Betriebsmittel und den

Kundenstamm und vielleicht auch den gut eingeführten Namen eins Unternehmens auf, ggf. übernimmt er auch das Personal. Zurück bleibt ein Unternehmensmantel mit der Versorgungszusage und den jeweiligen Pensionsrückdeckungen.

Wie geht es nun weiter?

Die GmbH hat alle Betriebsmittel, die sie nicht mehr braucht, sowie ihren Kundenbestand veräußert. Anschließend begleicht sie alle offenen Verbindlichkeiten und die GmbH wird mit dem Kapital ausgestattet, mit dem die Altersversorgungsverbindlichkeiten erfüllt werden können. Da aber für die Erfüllung der Versorgungszusage mehr Kapital benötigt wird, als Rückstellungen kalkuliert sind, ergibt sich ein weitaus höherer Aktivwert als der vorhandene Passivwert. Des Weiteren muss ein Organ bestellt sein, welches die Rentner-GmbH führt und auch deren Verpflichtungen zur Bilanzierung nachkommt, und den administrativen Aufwand bei Rentenzahlung, Lohnsteuerabführung und ggf. Beitragsabführung zur gesetzlichen Krankenversicherung durchführt.

Ein Vorteil liegt allerdings bei einer Rentner-GmbH.

Das Langlebigkeitsrisiko kann durch Wahl einer lebenslang laufenden Rückdeckungsversicherung abgesichert werden. Die Kurzlebigkeitschance wird dadurch abgesichert, dass die Rückdeckungsversicherung im Todesfall eine Beitragsrückgewähr einschließt und dann an die GmbH ausgezahlt wird, so lange das Kapital, in Form des Einmalbeitrages, nicht aufgezehrt ist. So kämen eventuell Erben, die sonst nicht berücksichtigt werden könnten, in den Genuss des rückgezahlten Teilbeitrages. Nach dem Wegfall der Versorgungsverpflichtung werden die nach vorhandenen Rückstellungen aufgelöst und die letzten Steuern bezahlt. Das Unternehmen kann dann nach Wegfall der gesamten Versorgungsverpflichtung und ggf. Zahlung von Steuern liquidiert werden.

12.4.2. Die neugegründete Rentnergesellschaft

Nach der Rechtsprechung des BFH führt die Auslagerung von Pensionsverpflichtungen zusammen mit entsprechenden finanziellen Mitteln auf eine neu gegründete „Rentner-GmbH" oder eine bereits bestehende GmbH im Wege der befreienden Schuldübernahme beim Arbeitnehmer nur dann zu einem Zufluss von Arbeitslohn, wenn der Ablösungsbetrag auf Verlangen des Arbeitnehmers – nach der Ausübung eines zuvor eingeräumten Wahlrechts – zur Übernahme der Pensionsverpflichtung an einen Dritten gezahlt wird. Hat der Arbeitnehmer jedoch kein Wahlrecht, den Ablösungsbetrag alternativ an sich auszahlen zu lassen, werde mit der Zahlung des Ablösungsbetrags an den die Pensionsverpflichtung übernehmenden Dritten der Anspruch des Arbeitnehmers auf die künftigen Pensionszahlungen nicht wirtschaftlich erfüllt. Ein Zufluss von Arbeitslohn liege mangels Verfügungsmacht noch nicht vor (Hans Ott, DStZ 2017, Heft 12, 435-422). Bislang gingen die Finanzämter davon aus, dass in solchen Fällen immer ein Lohnzufluss an den beherrschenden Gesellschafter-Geschäftsführer erfolgt – inklusive Lohnsteuerpflicht. In einem aktuellen Schreiben des Bundesfinanzministeriums (Az. IV C 5 - S 2333/16/10002) folgt nun die Finanzverwaltung der Auffassung des Bundesfinanzhofes (s. Anhang).

Im Vorfeld einer geplanten Auslagerung von Versorgungsverpflichtungen von GmbH A wird zum Beispiel eine neue GmbH B gegründet oder eine bereits bestehende GmbH C genommen, welche die Pensionszusage des beherrschenden Gesellschafter-Geschäftsführers ohne die Gefahr von Lohnzufluss an den Anspruchsberechtigten übernimmt.

Dabei lässt sich das Übertragungsmodell, nach Meinung von Pradl (in gestaltende Steuerberatung 08/2017 S.302, https://www.iww.de/gstb/archiv/2017/8) Abruf 07.02.2019), am besten über eine Ausgliederung der Pensionszusage nach § 123 Abs. 3 UmwG realisieren. Die Pensionszusage wird in eine eigens hierfür neu gegründete Tochtergesellschaft überführt. Die Gesellschaftsanteile der Rentner-GmbH hält systembedingt die bisherige GmbH. Der Gesellschaftszweck der Tochter-GmbH liegt ausschließlich in der Durchführung und Erfüllung der ausgegliederten Pensionszusage. Geschäftsführer der Rentner-GmbH wird in der Regel der Versorgungsberechtigte sein (Pradl, ebd.).

Die Besonderheiten, die bei einem solchen Ausgliederungsmodell unter umwandlungsrechtlichen und umwandlungssteuerrechtlichen Gesichtspunkten zu beachten sind, müssen Gegenstand einer ausführlichen Beratung mit zugelassenen Rechtsberatern, Steuerberatern, Gutachtern und versicherungsmathematischen Sachverständigen sein. Dieses würde an dieser Stelle den Rahmen sprengen.

Die oben angeführten Vor- und Nachteile der Rentner GmbH gelten auch hier.

Exkurs: Die Insolvenzanfechtung

Die Sanierung von Pensionszusagen sollte man vornehmen, bevor ein Unternehmen in die Krise gerät. Wird eine Sanierung erst vorgenommen, wenn schon die Anmeldung der Insolvenz droht oder es abzusehen ist, dass die wirtschaftliche Entwicklung auf eine Insolvenz hinausläuft, wird, im Falle der dann später wirklich eintretenden Insolvenz, der Insolvenzverwalter von seinem Recht auf Insolvenzanfechtung Gebrauch machen. Insofern waren dann alle Bemühungen, die Pensionszusage letztendlich vor dem Zugriff der Gläubiger zu entziehen, vergeblich.

Definition

Die Insolvenzanfechtung ist das Recht des Insolvenzverwalters, gewisse kurz vor Insolvenzeröffnung von oder mit dem Gemeinschuldner zum Nachteil der Insolvenzgläubiger vorgenommene Rechtshandlungen in ihren Wirkungen rückgängig zu machen und die veräußerten Vermögenswerte zur Insolvenzmasse zu ziehen (§§ 129–147 InsO).

Um eine gleichmäßige Befriedigung aller Insolvenzgläubiger zu erreichen, soll verhindert werden, dass der Schuldner bei drohender Insolvenz Rechtshandlungen zu seinem persönlichen oder zum Vorteil einzelner Gläubiger vornimmt; einzelnen Gläubigern soll die Möglichkeit genommen werden, sich im letzten Augenblick auf Kosten der Gesamtheit der Gläubiger zu sichern.

1. Von dem Schuldner oder ihm gegenüber muss vor Insolvenzeröffnung eine wirksame Rechtshandlung vorgenommen worden sein, z.B. Verfügungs- und Verpflichtungsgeschäft oder eine benachteiligende Prozesshandlung. Grundsätzlich sind Rechtshandlungen, die vor Eröffnung des Insolvenzverfahrens vorgenommen wurden und Insolvenzgläubiger benachteiligen, anfechtbar (§ 129 InsO).

2. Die anteilige Befriedigung der Insolvenzgläubiger muss durch Minderung der Insolvenzmasse beeinträchtigt sein.

Falls keine Einigung zu erzielen ist, kann die Insolvenzanfechtung nur durch Erhebung der Klage seitens des Insolvenzverwalters geltend gemacht werden, und zwar binnen drei Jahren seit Insolvenzeröffnung (§ 146 InsO).

Anfechtungsgegner ist derjenige, der anfechtbar empfangen hat, oder dessen Gesamtrechtsnachfolger. Dieser ist verpflichtet, jenes aus dem Vermögen des Gesamtschuldners Weggegebene zur Insolvenzmasse zurückzugewähren (§ 143 InsO), und zwar so, als wenn die Weggabe nicht erfolgt wäre (grundsätzlich Rückgabe in Natur; Geldersatz nur, wenn Rückgewähr in Natur nicht möglich ist, auch infolge von Veräußerungen der Sache) (Winter, https://wirtschafts-lexikon.gabler.de/definition/insolvenzanfechtung-38550/version-261971, Abruf 04.02.2019).

Fazit

Auch wenn die Sanierung von Pensionszusagen wie ein Buch mit sieben Siegeln oder gar wie ein Hexenwerk anmutet, wenn man diese Pensionszusagen nicht rechtzeitig anfasst und überprüft, wird die Angelegenheit schnell zum Tanz auf einem Vulkan!

Viele Dinge können den Ausschlag für eine Überprüfung geben. Sei es, dass man plant die Pensionszusage grundsätzlich auf den Prüfstand zu stellen oder eine Deckungslückenberechnung des rückdeckenden Versicherungsunternehmen den Anlass gibt. Es können auch Gerichtsurteile oder neue BMF-Schreiben, aber auch eine Unternehmensnachfolge oder die Fälligkeit einer Rückdeckungsversicherung einen Wunsch zur Begutachtung der Pensionszusage auslösen.

Wichtig ist ein strukturiertes Vorgehen. Zuerst sollte eine Bestandsaufnahme erfolgen. Eine Checkliste erleichtert dem Überprüfenden die Arbeit, nichts Wichtiges kann übersehen werden. Als nächstes ist festzustellen, ob inhaltlich überhaupt noch etwas geändert werden kann. Hier ist insbesondere die Erdienensfrist zu beachten. Wenn man sich darüber im Klaren ist, was „angefasst" werden soll, kann man sich an die Arbeit machen.

Bevor geprüft wird, ob es handelsbilanzielle Überschuldung gegeben ist und man zur Regulierung in die Versorgung des Gesellschafter-Geschäftsführer eingreift, sollte geprüft werden, ob die Pensionsrückstellungen mit dem gebundenen Deckungskapital saldiert worden sind. Dazu müssen für die Rückdeckungsverssicherungen rechtsgültige Verpfändungen vorliegen, aus denen hervorgehen muss, dass das Rückdeckungskapital sonstigen Gläubigern vollends entzogen ist. Dann muss ein handelsbilanzielles versicherungsmathematisches Gutachten vorliegen, dass, anders als das für die Steuerbilanz, einen durchschnittlichen Marktzins berücksichtigt. Erst wenn dann die Überschuldungssituation nicht beseitigt worden ist, sollte geprüft werden, ob auf den Future-Service verzichtet wird. Lautet die Entscheidung auf Verzicht, so ist dieser nun versicherungsmathematisch zum Verzichtszeitpunkt zu ermitteln und in der Gesellschafterversammlung zu beschließen und mit einem Gesellschafterbeschluss zu dokumentieren. Anschließend sind zwei versicherungsmathematische Gutachten (Handelsbilanz und Steuerbilanz) zu erstellen. Die Reduktion der Pensionsrückstellung in beiden Bilanzen und die Saldierung von Pensionsrückstellungen und Rückdeckungskapital in der Handelsbilanz kann nun dazu führen die Überschuldung zu eliminieren.

Versorgungszusagen sind Verträge, die eine langjährige Laufzeit haben. Nicht selten werden diese Papiere in Ordnern abgeheftet und es wird ihnen kaum noch Beachtung geschenkt. Artilleristen würden dieses militärisch als „Shoot and Forget" bezeichnen. Spätestens bei Eintritt des Versorgungsfalles kommt das böse Erwachen. Meistens kommt dieses aber auch schon früher in Gestalt eines Betriebsprüfers der Finanzverwaltung.

Bei der Inhaltlichen Überprüfung der einzelnen Abschnitte der Versorgungszusage muss man die vorliegende Zusage aufmerksam lesen. Steht dort wirklich was ursprünglich der Parteiwille war, oder kommt man bei der Auslegung der einzelnen Klauseln zu einer anderen Beurteilung. Die erteilte Pensionszusage war i.d.R. dem damals geltenden Rechtstand entsprechend formuliert. Aber die Entwicklung auf dem rechtlichen Sektor ist dynamisch. Urteile ergehen, Sachverhalte ändern sich, Beteiligungsverhältnisse werden neu strukturiert, BMF-Schreiben werden neu erlassen. Was vorher rechtskonform war, kann jetzt gegen geltendes Recht verstoßen.

Ist der ursprüngliche Parteiwille herausgearbeitet worden ist, geht es an den Abgleich der vorhandenen Bedingungen für die Versorgungszusage mit der heutigen Rechtslage. Hier werden Formulierungen gewählt die dem Willen der Beteiligten entsprechen und mit der heutigen Rechtslage in Einklang zu bringen sind. Dieses wird dann bei einer Gesellschafterversammlung diskutiert und die Änderungen schriftlich fixiert. Weiterhin wird eine Deckungslückenberechnung vorgenommen und die Finanzierbarkeit auf den Prüfstand gestellt. Hier ergeben sich dann die Bedingungen wie es weitergeht. Ausfinanzierung oder Teilverzichte müssen geprüft werden. Die Belange des Versorgungsberechtigten und die finanzielle Situation des zusagenden Unternehmens sind gut gegeneinander abzuwägen. Manchmal sind schmerzhafte Einschnitte nicht zu vermeiden. Das ist insbesondere der Fall, wenn die Pensionszusage in der vergangenen Zeit mehr als Instrumentarium der Innenfinanzierung und als „Steuersparmodell" angesehen wurde und nicht als ernsthaftes Versorgungsinstrument für den Gesellschafter-Geschäftsführer. Aber auch eine geänderte wirtschaftliche Lage kann die Versorgung bedrohen. Hier heißt es frühzeitig in die Versorgungszusage einzugreifen und Änderungen herbeizuführen bevor eine Insolvenzanfechtung droht.

Die Auslagerung von Pensionsverpflichtungen stellt allerdings „Jura am Hochreck" dar. Hier ist die Hilfe von Fachleuten unerlässlich. In Eigenregie kann dieses nur schiefgehen.

Zugelassene rechtliche Berater, Steuerberater und auch Gutachter sowie Versicherungsspezialisten für betriebliche Altersversorgung sollten grundsätzlich in jede Restrukturierungsmaßnahmen von Versorgungszusagen rechtzeitig mit eingebunden werden, damit am Ende eine brauchbare Lösung zu Stande kommt dem zusagenden Unternehmen und auch der versorgungsberechtigten Person gerecht wird und das Versorgungskonstrukt somit auf sicheren Beinen steht und auch die Finanzverwaltung nichts zu beanstanden hat.

Um es vereinfacht mit dem alten Zahnarztspruch zu sagen:

„Vorsorge ist besser als bohren!"

Anhang

Abdruck mit freundlicher Genehmigung
des Bundesministeriums für Finanzen (BMF)
Dok 2019/0137362 vom 19.02.2019

 **Bundesministerium
der Finanzen**

G20 GERMANY 2017

POSTANSCHRIFT   Bundesministerium der Finanzen, 11016 Berlin

Nur per E-Mail

Oberste Finanzbehörden
der Länder

nachrichtlich:

Bundesministerium
für Arbeit und Soziales

Bundeszentralamt für Steuern

HAUSANSCHRIFT

TEL

FAX

E-MAIL

DATUM   4. Juli 2017

BETREFF **Betriebliche Altersversorgung;**
Lohnsteuerliche Folgerungen der Übernahme der Pensionszusage eines beherrschenden
Gesellschafter-Geschäftsführers gegen eine Ablösungszahlung und Wechsel des
Durchführungswegs

BEZUG BFH-Urteil vom 18. August 2016 - VI R 18/13 - (BStBl II Seite ■[1]);
Sitzung LSt II/2017 (zu TOP 2b)

GZ **IV C 5 - S 2333/16/10002**

DOK **2017/0581849**

(bei Antwort bitte GZ und DOK angeben)

Der Bundesfinanzhof (BFH) hat mit Urteil vom 18. August 2016 - VI R 18/13 - (BStBl II
Seite ■[1]) seine Rechtsprechung bestätigt, nach der im Fall eines beherrschenden Gesell-
schafter-Geschäftsführers die Ablösung einer vom Arbeitgeber erteilten Pensionszusage beim
Arbeitnehmer dann zum Zufluss von Arbeitslohn führt, wenn der Ablösungsbetrag auf
Verlangen des Arbeitnehmers zur Übernahme der Pensionsverpflichtung an einen Dritten
gezahlt wird (BFH-Urteil vom 12. April 2007 - VI R 6/02 -, BStBl II Seite 581). Hat der
Arbeitnehmer kein Wahlrecht, den Ablösungsbetrag alternativ an sich auszahlen zu lassen,
wird mit der Zahlung des Ablösungsbetrags an den die Pensionsverpflichtung übernehmenden
Dritten der Anspruch des Arbeitnehmers auf die künftigen Pensionszahlungen (noch) nicht
wirtschaftlich erfüllt. Zufluss von Arbeitslohn liegt in diesem Fall nicht vor.

---

[1] Seitenzahl wird von der Redaktionsleitung des Bundessteuerblattes ergänzt.

www.bundesfinanzministerium.de

Nach dem Ergebnis der Erörterung mit den obersten Finanzbehörden der Länder ist Folgendes zu beachten:

1. Das o. g. BFH-Urteil vom 18. August 2016 ist zum speziellen Fall der Ablösung einer vom Arbeitgeber erteilten Pensionszusage eines beherrschenden Gesellschafter-Geschäftsführers, der nicht unter das Betriebsrentengesetz fällt, ergangen. Es ist in gleichgelagerten Fällen anzuwenden. Führt danach die Zahlung des Ablösungsbetrags an den die Pensionsverpflichtung übernehmenden Dritten nicht zu einem Zufluss von Arbeitslohn beim Gesellschafter-Geschäftsführer, liegt Zufluss von Arbeitslohn im Zeitpunkt der Auszahlung der späteren (Versorgungs-)Leistungen vor (§ 24 Nummer 2, § 2 Absatz 1 Satz 1 Nummer 4 und § 19 Absatz 1 Satz 1 Nummer 2 EStG). Der übernehmende Dritte hat die Lohnsteuer dann einzubehalten und alle anderen lohnsteuerlichen Arbeitgeberpflichten zu erfüllen.

2. Anders als in dem mit o. g. BFH-Urteil vom 18. August 2016 entschiedenen Fall fließt einem Arbeitnehmer allerdings dann Arbeitslohn zu, wenn der Durchführungsweg nach dem Betriebsrentengesetzes von einer Pensions-/Direktzusage oder von einer Versorgungszusage über eine Unterstützungskasse auf einen Pensionsfonds, eine Pensionskasse oder eine Direktversicherung gewechselt wird und der Arbeitgeber in diesem Zusammenhang einen Ablösungsbetrag zahlt (§ 19 EStG). Dies steht im Einklang mit der ständigen Rechtsprechung des BFH, wonach bei Zukunftssicherungsleistungen dann von Arbeitslohn auszugehen ist, wenn die Leistung des Arbeitgebers an einen Dritten (Versicherer) erfolgt und sich der Vorgang - wirtschaftlich betrachtet - so darstellt, als ob der Arbeitgeber dem Arbeitnehmer die Mittel zur Verfügung gestellt und der Arbeitnehmer sie zum Zweck seiner Zukunftssicherung verwendet hat (u. a. BFH-Urteil vom 5. Juli 2012 - VI R 11/11 -, BStBl 2013 II Seite 190). Der Ablösungsbetrag kann in diesem Fall nur unter den entsprechenden Voraussetzungen des § 3 Nummer 66 oder § 3 Nummer 63 EStG steuerfrei bleiben. Von einem steuerpflichtigen Ablösungsbetrag hat der Arbeitgeber Lohnsteuer einzubehalten (§ 38 EStG).

Dieses Schreiben ist in allen offenen Fällen anzuwenden. Es wird im Bundessteuerblatt Teil I veröffentlicht und steht ab sofort für eine Übergangszeit auf den Internetseiten des Bundesministeriums der Finanzen (http://www.bundesfinanzministerium.de) unter der Rubrik - Themen - Steuern - Steuerarten - Lohnsteuer - BMF-Schreiben/Allgemeines zur Ansicht und zum Abruf bereit.

Im Auftrag

 **Bundesministerium der Finanzen**

POSTANSCHRIFT Bundesministerium der Finanzen, 11016 Berlin

Oberste Finanzbehörden
der Länder

DATUM 18. September 2017

BETREFF **Betriebliche Altersversorgung;**
Bilanzsteuerrechtliche Berücksichtigung von Versorgungsleistungen, die ohne die
Voraussetzung des Ausscheidens aus dem Dienstverhältnis gewährt werden, und von
vererblichen Versorgungsanwartschaften

GZ **IV C 6 - S 2176/07/10006**
DOK **2017/0761018**

Der Bundesfinanzhof (BFH) hat mit Urteilen vom 5. März 2008 (BStBl 2015 II S. 409) und
vom 23. Oktober 2013 (BStBl 2015 II S. 413) entschieden, dass Versorgungszusagen nicht
den Charakter als betriebliche Altersversorgung verlieren, wenn Leistungen nicht von dem
Ausscheiden des Begünstigten aus dem Dienstverhältnis abhängig gemacht werden. Der BFH
stellt aber klar, dass Pensionsleistungen in erster Linie der Deckung des Versorgungsbedarfes
dienen und folglich regelmäßig erst bei Wegfall der Bezüge aus der betrieblichen Tätigkeit
gezahlt werden.

Zur bilanzsteuerrechtlichen Berücksichtigung von Versorgungsleistungen, die ohne die
Voraussetzung des Ausscheidens aus dem Dienstverhältnis gewährt werden, und von vererblichen Versorgungsanwartschaften nehme ich nach Abstimmung mit den obersten Finanzbehörden der Länder wie folgt Stellung:

1. Grundsatz der Ausgeglichenheitsvermutung von Arbeitsleistung und Entgelt

I Pensionsrückstellungen nach § 6a EStG können wegen der Ausgeglichenheitsvermutung
von Arbeitsleistung und Entgelt grundsätzlich nur auf Basis der nach dem Ausscheiden
aus dem Dienstverhältnis zu gewährenden Leistungen angesetzt und bewertet werden.

www.bundesfinanzministerium.de

2. Versorgungszusagen ohne Aussagen zum Ausscheiden aus dem Dienstverhältnis als Voraussetzung für die Gewährung von Pensionsleistungen

2   Enthält eine Pensionszusage im Sinne von § 6a EStG keine Aussagen zum Ausscheiden aus dem Dienstverhältnis als Voraussetzung für die Gewährung der Versorgungsleistungen nach Eintritt des Versorgungsfalles, ist davon auszugehen, dass zeitgleich mit der Inanspruchnahme der Leistungen auch das Arbeitsverhältnis beendet wird. Die Möglichkeit einer Ausübung des sog. zweiten Wahlrechtes nach R 6a Absatz 11 Satz 3 ff. EStR bleibt davon unberührt. In der Anwartschaftsphase ist die Versorgungsverpflichtung nach § 6a Absatz 3 Satz 2 Nummer 1 EStG zu bewerten.

3   Werden bei Eintritt der Invalidität oder bei Erreichen einer vereinbarten Altersgrenze die schriftlich zugesagten Versorgungsleistungen gewährt, gilt der Versorgungsfall auch dann als eingetreten, wenn das Arbeitsverhältnis weiter bestehen bleibt. Ab diesem Zeitpunkt ist die Pensionsrückstellung nach § 6a Absatz 3 Satz 2 Nummer 2 EStG zu berechnen.

4   Randnummer 2 des BMF-Schreibens vom 11. November 1999 (BStBl I S. 959) ist nicht weiter anzuwenden.

5   Beiträge an Direktversicherungen, Pensionskassen und Pensionsfonds sind unter den Voraussetzungen der §§ 4 Abs. 4, 4c und 4e EStG unabhängig davon als Betriebsausgaben abzugsfähig, ob das Arbeitsverhältnis für den Erhalt der zugesagten Leistungen beendet werden muss.

6   Zuwendungen an Unterstützungskassen sind nach Maßgabe des § 4d EStG abzugsfähig. Bei Zusagen auf lebenslänglich laufende Leistungen ist das Deckungskapital nach § 4d Absatz 1 Satz 1 Nummer 1 Satz 1 Buchstabe a EStG aber erst maßgebend, wenn der Berechtigte aus dem Dienstverhältnis ausgeschieden ist, da nur ehemalige Arbeitnehmer Leistungsempfänger im Sinne dieser Regelung sind.

3. Versorgungszusagen, die Versorgungsleistungen neben dem Arbeitslohn in Aussicht stellen

7   Steht bei Pensionszusagen, die den Bezug von Versorgungsleistungen neben dem laufenden Arbeitslohn eröffnen oder vorsehen, der Ausscheidezeitpunkt noch nicht fest, ist dieser wegen der Ausgeglichenheitsvermutung von Arbeitsleistung und Entgelt (Randnummer 1) sachgerecht zu schätzen und der Bewertung der Pensionsrückstellung nach § 6a EStG zugrunde zu legen. Ein Anhaltspunkt für die Schätzung kann die Regelaltersgrenze in der gesetzlichen Rentenversicherung oder das Ende des Anstellungsvertrages sein. Die Randnummer 3 sowie die Randnummern 5 und 6 bei den Durchführungswegen

Direktversicherungen, Pensionskassen, Pensionsfonds und Unterstützungskassen gelten entsprechend.

4. Teilweise Inanspruchnahme von Versorgungsleistungen ohne Ausscheiden

8 Werden die zugesagten Versorgungsleistungen bei Erreichen einer bestimmten Altersgrenze oder bei Eintritt der Invalidität unter entsprechender Herabsetzung des Beschäftigungsgrades und des Arbeitslohns nur teilweise in Anspruch genommen, gilt der Versorgungsfall insoweit als eingetreten. In diesem Fall ist die Bewertung der Pensionsverpflichtung an Bilanzstichtagen zwischen der erstmaligen teilweisen Inanspruchnahme von Versorgungsleistungen und dem Erreichen des vom Steuerpflichtigen zulässigerweise gewählten Finanzierungsendalters (sog. rechnerisches Pensionsalter) für bilanzsteuerliche Zwecke aufzuteilen. Soweit Leistungen bereits gewährt werden, gilt Randnummer 3 entsprechend. Für die noch nicht laufenden Leistungen ist bis zum Erreichen des maßgebenden rechnerischen Pensionsalters weiterhin § 6a Absatz 3 Satz 2 Nummer 1 EStG maßgebend. Für Bilanzstichtage nach Erreichen des rechnerischen Pensionsalters bedarf es einer Aufteilung nicht, da in diesen Fällen die Bewertung der noch nicht laufenden Leistungen nach § 6a Absatz 3 Satz 2 Nummer 1 EStG (Teilwert eines sog. technischen Rentners) dem Barwert nach § 6a Absatz 3 Satz 2 Nummer 2 EStG entspricht. Die Nachholung von Fehlbeträgen gemäß § 6a Absatz 4 Satz 5 EStG ist nur insoweit zulässig, als der Versorgungsfall nach Satz 1 als eingetreten gilt.

9 Das BMF-Schreiben vom 25. April 1995 (BStBl I S. 250) zu Pensionsrückstellungen für betriebliche Teilrenten ist nicht weiter anzuwenden und wird aufgehoben.

5. Körperschaftsteuerliche Regelungen

10 Die körperschaftsteuerlichen Regelungen für Gesellschafter-Geschäftsführer von Kapitalgesellschaften bleiben unberührt (BFH-Urteile vom 5. März 2008, a. a. O. und vom 23. Oktober 2013, a. a. O.).
In der Anwartschaftsphase ist eine Pensionszusage an den Gesellschafter-Geschäftsführer, die zwar die Vollendung des vereinbarten Pensionsalters voraussetzt, nicht jedoch dessen Ausscheiden aus dem Betrieb oder die Beendigung des Dienstverhältnisses, körperschaftsteuerrechtlich grundsätzlich nicht zu beanstanden. Sie führt nicht von vorneherein wegen Unüblichkeit oder fehlender Ernsthaftigkeit zu einer verdeckten Gewinnausschüttung.

In der Auszahlungsphase der Pension führt die parallele Zahlung von Geschäftsführergehalt und Pension - sowohl bei einem beherrschenden als auch bei einem nicht beherrschenden - Gesellschafter-Geschäftsführer zu einer verdeckten Gewinnausschüttung, soweit das Aktivgehalt nicht auf die Pensionsleistung angerechnet wird.

Die Grundsätze gelten sowohl bei monatlicher Pensionsleistung als auch bei Ausübung eines vereinbarten Kapitalwahlrechts bei Erreichen der vereinbarten Altersgrenze.

Die Auflösung der Pensionsrückstellung steht der Annahme einer verdeckten Gewinnausschüttung nicht entgegen. Eine verdeckte Gewinnausschüttung ist auch dann zu bejahen, wenn das Aktivgehalt und die Arbeitszeit nach Eintritt des Versorgungsfalls deutlich reduziert werden, da eine „Teilzeittätigkeit" mit dem Aufgabenbild eines Gesellschafter-Geschäftsführers nicht vereinbar ist.

6. Vererbliche Versorgungsanwartschaften und Versorgungsleistungen

11   Sieht eine Pensionszusage die Vererblichkeit von Versorgungsanwartschaften oder Versorgungsleistungen vor und sind nach der Zusage vorrangig Hinterbliebene entsprechend der Randnummer 287 des BMF-Schreibens vom 24. Juli 2013 (BStBl I S. 1022) Erben, ist die Pensionsverpflichtung nach § 6a EStG zu bewerten. Im Vererbungsfall ist für die Bewertung der Leistungen, soweit sie nicht an Hinterbliebene im Sinne des Satzes 1 erbracht werden, § 6 EStG maßgebend.

Dieses Schreiben wird im Bundessteuerblatt Teil I veröffentlicht.

Im Auftrag

Bundesministerium
der Finanzen

POSTANSCHRIFT   Bundesministerium der Finanzen, 11016 Berlin

Oberste Finanzbehörden
der Länder

DATUM   19. Oktober 2018

BETREFF   **Steuerliche Gewinnermittlung;**
Bewertung von Pensionsrückstellungen nach § 6a EStG,
Übergang auf die „Heubeck-Richttafeln 2018 G"

BEZUG   BMF-Schreiben vom 16. Dezember 2005 (BStBl I S. 1054)

GZ   **IV C 6 - S 2176/07/10004 :001**

DOK   **2018/0833103**

(be Antwort bitte GZ und DOK angeben)

Bei der Bewertung von Pensionsrückstellungen sind u. a. die anerkannten Regeln der Versicherungsmathematik anzuwenden (§ 6a Absatz 3 Satz 3 Einkommensteuergesetz - EStG). Sofern in diesem Zusammenhang bislang die „Richttafeln 2005 G" von Professor Klaus Heubeck verwendet wurden, ist zu beachten, dass diese durch die „Heubeck-Richttafeln 2018 G" ersetzt wurden.

Das BMF-Schreiben vom 16. Dezember 2005 (BStBl I S. 1054) nimmt unter Bezugnahme auf das BMF-Schreiben vom 13. April 1999 (BStBl I S. 436) zum Übergang auf neue oder geänderte biometrische Rechnungsgrundlagen bei der Bewertung von Pensionsrückstellungen Stellung. Unter Berücksichtigung der in diesen Schreiben dargelegten Grundsätze ergibt sich für die Anwendung der neuen „Heubeck-Richttafeln 2018 G" in der steuerlichen Gewinnermittlung nach Abstimmung mit den obersten Finanzbehörden der Länder Folgendes:

1. Steuerliche Anerkennung der „Heubeck-Richttafeln 2018 G"

1   Die „Heubeck-Richttafeln 2018 G" werden als mit den anerkannten versicherungsmathematischen Grundsätzen im Sinne von § 6a Absatz 3 Satz 3 EStG übereinstimmend anerkannt.

www.bundesfinanzministerium.de

115

2. Zeitliche Anwendung

2   Die „Heubeck-Richttafeln 2018 G" können erstmals der Bewertung von Pensionsrückstellungen am Ende des Wirtschaftsjahres zugrunde gelegt werden, das nach dem 20. Juli
2018 (Tag der Veröffentlichung der neuen Richttafeln) endet. Der Übergang hat einheitlich für alle Pensionsverpflichtungen und alle sonstigen versicherungsmathematisch zu
bewertende Bilanzposten des Unternehmens zu erfolgen. Die „Richttafeln 2005 G" können letztmals für das Wirtschaftsjahr verwendet werden, das vor dem 30. Juni 2019 endet.

3. Verteilung des Unterschiedsbetrages nach § 6a Absatz 4 Satz 2 EStG

3   Nach § 6a Absatz 4 Satz 2 EStG kann der Unterschiedbetrag, der auf der erstmaligen
Anwendung der „Heubeck-Richttafeln 2018 G" beruht, nur auf mindestens drei Wirtschaftsjahre gleichmäßig verteilt der jeweiligen Pensionsrückstellung zugeführt werden
(Verteilungszeitraum). Die gleichmäßige Verteilung ist sowohl bei positiven als auch bei
negativen Unterschiedsbeträgen erforderlich. Bei einer Verteilung des Unterschiedsbetrages auf drei Wirtschaftsjahre gilt Folgendes:

a) Zuführungen am Ende des Wirtschaftsjahres, für das die „Heubeck-Richttafeln 2018 G" erstmals anzuwenden sind (Übergangsjahr)

4   Am Ende des Wirtschaftsjahres, für das die neuen Rechnungsgrundlagen erstmals anzuwenden sind (Übergangsjahr), ist die jeweilige Pensionsrückstellung zunächst auf
der Grundlage der bisherigen Rechnungsgrundlagen (z. B. „Richttafeln 2005 G") nach
§ 6a Absatz 3 und Absatz 4 Satz 1 und 3 bis 5 EStG zu ermitteln. Anschließend ist zu
demselben Stichtag die so ermittelte Rückstellung um ein Drittel des Unterschiedsbetrages zwischen dem Teilwert der Pensionsverpflichtung am Ende des Übergangsjahres nach den „Heubeck-Richttafeln 2018 G" und den bisher verwendeten Rechnungsgrundlagen zu erhöhen oder - bei negativem Unterschiedsbetrag - zu vermindern.

Ist die Pensionsrückstellung, die sich nach Satz 1 ergibt (Ist-Rückstellung auf Grundlage der bisherigen Rechnungsgrundlagen), niedriger als der Teilwert der Pensionsverpflichtung gemäß § 6a Absatz 3 EStG nach den bisherigen Rechnungsgrundlagen (Soll-Rückstellung), kann ein negativer Unterschiedsbetrag insoweit gekürzt werden (entsprechend R 6a Absatz 22 Satz 3 EStR 2012).

5   Die Verteilungsregelung gilt auch für Versorgungszusagen, die im Übergangsjahr erteilt werden; das insoweit beim Bundesfinanzhof anhängige Verfahren (Aktenzeichen XI R 34/16) bleibt abzuwarten.

b) Zuführungen im Folgejahr

6   In dem auf das Übergangsjahr folgenden Wirtschaftsjahr (Folgejahr) ist die Pensionsrückstellung zunächst auf Grundlage der „Heubeck-Richttafeln 2018 G" nach § 6a Absatz 3 und Absatz 4 Satz 1 und 3 bis 5 EStG zu ermitteln. Die so berechnete Pensionsrückstellung ist um ein Drittel des Unterschiedsbetrages gemäß Randnummer 4 zu vermindern oder zu erhöhen.

7   Wird in einem Folgejahr eine Pensionszusage neu erteilt oder erhöht sich bei einer bestehenden Zusage die Verpflichtung, sind insoweit die Pensionsrückstellungen in vollem Umfang auf der Basis der „Heubeck-Richttafeln 2018 G" ohne Verteilung eines Unterschiedsbetrages zu bewerten.

c) Zuführungen im zweiten Folgejahr

8   In dem auf das Übergangsjahr folgenden zweiten Wirtschaftsjahr (zweites Folgejahr) ist die Pensionsrückstellung auf Grundlage der „Heubeck-Richttafeln 2018 G" gemäß § 6a Absatz 3 und Absatz 4 Satz 1 und 3 bis 5 EStG zu ermitteln. Eine Kürzung der Rückstellung unterbleibt.

d) Arbeitgeberwechsel

9   Die Grundsätze der Randnummern 4 bis 8 gelten auch bei einem Übergang des Dienstverhältnisses im Übergangsjahr und Folgejahr auf einen neuen Arbeitgeber aufgrund gesetzlicher Bestimmungen, z. B. nach § 613a BGB. In Fällen eines Arbeitgeberwechsels im Sinne von § 5 Absatz 7 Satz 4 EStG im Übergangsjahr oder in vorherigen Jahren hat der neue Arbeitgeber die Grundsätze der Randnummern 4 bis 8 entsprechend zu berücksichtigen.

e) Billigkeitsregelung

10   Aus Billigkeitsgründen ist es nicht zu beanstanden, wenn der Unterschiedsbetrag für sämtliche Pensionsverpflichtungen eines Betriebes anstelle der Berechnung nach den Randnummern 4 bis 9 insgesamt als Differenz zwischen den Teilwerten nach den „Heubeck-Richttafeln 2018 G" und den bisherigen Rechnungsgrundlagen am Ende des Übergangsjahres ermittelt und dieser Gesamtunterschiedsbetrag in unveränderter Höhe auf das Übergangsjahr und die beiden folgenden Wirtschaftsjahre gleichmäßig verteilt wird, indem von der Summe der Pensionsrückstellungen nach den „Richttafeln 2018 G" am Ende des Übergangsjahres zwei Drittel und am Ende des Folgejahres ein Drittel dieses Gesamtunterschiedsbetrages abgezogen werden.

11   Hat sich der Bestand der Pensionsberechtigten im Folgejahr durch einen Übergang des Dienstverhältnisses aufgrund einer gesetzlichen Bestimmung verändert, ist das für dieses Wirtschaftsjahr zu berücksichtigende Drittel des Gesamtunterschiedsbetrages entsprechend zu korrigieren.

12   Wird der maßgebende Unterschiedsbetrag über mehr als drei Wirtschaftsjahre gleichmäßig verteilt, gelten die Regelungen der Randnummern 4 bis 11 unter Berücksichtigung der veränderten Zuführungsquoten und Übergangszeiträume entsprechend.

4. Andere Verpflichtungen, die nach § 6a EStG bewertet werden

13   Die Grundsätze dieses Schreibens gelten für andere Verpflichtungen, die nach den Grundsätzen des § 6a EStG zu bewerten sind (z. B. Vorruhestandsleistungen), entsprechend.

Dieses Schreiben wird im Bundessteuerblatt Teil I veröffentlicht.

Im Auftrag

 **Bundesministerium der Finanzen**

G20 GERMANY 2017

POSTANSCHRIFT   Bundesministerium der Finanzen, 11016 Berlin

Nur per E-Mail

Oberste Finanzbehörden
der Länder

nachrichtlich:

Bundesministerium
für Arbeit und Soziales

Bundeszentralamt für Steuern

HAUSANSCHRIFT

TEL

FAX

E-MAIL

DATUM   4. Juli 2017

BETREFF   **Betriebliche Altersversorgung;**
Lohnsteuerliche Folgerungen der Übernahme der Pensionszusage eines beherrschenden
Gesellschafter-Geschäftsführers gegen eine Ablösungszahlung und Wechsel des
Durchführungswegs

BEZUG   BFH-Urteil vom 18. August 2016 - VI R 18/13 - (BStBl II Seite ■[1]);
Sitzung LSt II/2017 (zu TOP 2b)

GZ   **IV C 5 - S 2333/16/10002**
DOK   **2017/0581849**

(bei Antwort bitte GZ und DOK angeben)

Der Bundesfinanzhof (BFH) hat mit Urteil vom 18. August 2016 - VI R 18/13 - (BStBl II
Seite ■[1]) seine Rechtsprechung bestätigt, nach der im Fall eines beherrschenden Gesell-
schafter-Geschäftsführers die Ablösung einer vom Arbeitgeber erteilten Pensionszusage beim
Arbeitnehmer dann zum Zufluss von Arbeitslohn führt, wenn der Ablösungsbetrag auf
Verlangen des Arbeitnehmers zur Übernahme der Pensionsverpflichtung an einen Dritten
gezahlt wird (BFH-Urteil vom 12. April 2007 - VI R 6/02 -, BStBl II Seite 581). Hat der
Arbeitnehmer kein Wahlrecht, den Ablösungsbetrag alternativ an sich auszahlen zu lassen,
wird mit der Zahlung des Ablösungsbetrags an den die Pensionsverpflichtung übernehmenden
Dritten der Anspruch des Arbeitnehmers auf die künftigen Pensionszahlungen (noch) nicht
wirtschaftlich erfüllt. Zufluss von Arbeitslohn liegt in diesem Fall nicht vor.

---

[1] Seitenzahl wird von der Redaktionsleitung des Bundessteuerblattes ergänzt.